Flavien Brenier

———— ✤ ————

LES JUIFS ET LE TALMUD

L'auteur du présent ouvrage, au cas où quelque inexactitude théologique lui serait échappée dans les pages qui suivent, déclare la rétracter par avance Fils soumis de l'Église Romaine, il subordonne au jugement de Celle-ci toute la doctrine de son livre.

FLAVIEN BRENIER

1913

LA « LIGUE FRANÇAISE ANTIMAÇONNIQUE »
66, rue Bonaparte, à Paris (VIe)
(près saint-Sulpice)

15 novembre 2017

scan, ORC,

FLANIEN BREVIER (un Noble Inconnu)

Mise en page
LENCULUS†

pour la Librairie Excommuniée Numérique des CUrieux de Lire les USuels

LES JUIFS ET LE TALMUD

Morale et Principes sociaux des juifs d'après leur livre saint : le Talmud

(Avec un aperçu des circonstances historiques dans lesquelles le peuple juifs renonça à la loi de Moïse)

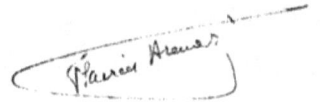

Morale et Principes Sociaux des Juifs
d'après leur livre saint : le Talmud

AVANT-PROPOS

AUCUN problème ethnique ou religieux ne s'est posé, à travers l'Histoire, d'une manière plus générale, plus continue et plus obsédante que le problème Juif. Aussi loin qu'on se reporte depuis que les Juifs sont campés au milieu des nations — et cette manière de vivre est bien antérieure pour eux à l'époque où les armées romaines leur infligèrent ce qu'on appela « la dispersion » — on trouve les Juifs en lutte avec tous les peuples qui les ont reçus dans leur sein. Les convulsions de cet éternel conflit emplissent une partie de l'Antiquité et tout le Moyen-Âge. Dans les temps modernes, si la lutte entre l'élément juif et les éléments chrétiens et musulmans revêt un caractère d'acuité moindre, c'est qu'Israël a eu l'habileté de cacher son agression, jadis presque toujours directe, sous mille masques habilement fabriqués. Mais qu'on soulève au hasard l'un de ces masques, et, sous le péril qui menace chaque peuple dans sa sécurité nationale, dans sa prospérité matérielle, dans sa liberté religieuse ou dans sa paix sociale, presque toujours on trouvera le Juif.

C'est le Juif, en effet, qui a modifié les conditions d'existence économique des nations, en créant un système financier qui lui permet d'accumuler, à plaisir, les ruines publiques ou privées. C'est le Juif qui a déchaîné, en dix pays, la persécution antichrétienne, pour assouvir la haine séculaire de sa race contre les serviteurs du Christ. C'est le Juif qui a mis le feu à l'édifice social en semant l'idée collectiviste dans le monde par le moyen de ces agitateurs et théoriciens hébreux qui s'appelèrent Karl Marx, Lassalle et Singer en Allemagne ; Neumayer, Adler et Aaron Libermann en Autriche ; Fribourg, Léon Frankel et Haltmayer, en France ; James Cohen en Danemark ; Dobrojanu Ghéréa, en Roumanie ; Kahn, Lion et Samuel Gompers, aux États-Unis[1].

C'est le Juif qui est, dans le monde entier, derrière toutes les entreprises de dépravation morale dans le domaine artistique ou littéraire. C'est le Juif, enfin, qui a successivement servi d'espion contre toutes les puissances assez imprudentes pour lui faire accueil.

Ce formidable travail de corruption et de destruction, constamment poursuivi à travers les siècles, pose un point d'interrogation qui n'a pu être effacé jusqu'ici. *Quelle force mystérieuse a transformé la race juive en ce*

---

1. On ne saurait trop rappeler que l'*Humanité*, l'organe officiel du Parti Socialiste Unifié en France, fut fondée à l'aide d'une somme de 780.000 francs fournie par douze juifs : Lévy Brulh, Lévy Brahm, A. Dreyfus, Louis Dreyfus, Herr, Ely Rodriguès, Léon Picard, Blum, Rouff, Casewitz, Salomon Reinach et Sachs. La plupart des journaux socialistes du monde ont été également fondés avec de l'argent juif, et leurs rédacteurs, pour près de la moitié, sont des Juifs.

AVANT-PROPOS

« fléau de Dieu » dont nous venons, à grands traits d'esquisser le rôle ?... Voilà la question qui se présente fatalement à l'esprit quand on a étudié l'œuvre funeste d'Israël depuis plus de deux mille ans.

En effet, ces Juifs, que les circonstances actuelles, comme leur histoire passée, nous révèlent si complètement étrangers à l'idéal que nous honorons, ces Juifs, qui ne savent être grands que dans la haine, hardis que dans la rapine et satisfaits que dans la souillure répandue à flots autour d'eux, ces Juifs sont cependant les authentiques descendants des Hébreux des premiers âges, de ceux que la divine Providence choisit entre tous les hommes pour en faire « le peuple de Dieu ». Cette religion du Messie, dont ils persécutent aujourd'hui les fidèles, après avoir crucifié le Messie lui-même, c'est celle-là même qui a nourri de ses espérances leurs premiers ancêtres : seuls de tous les peuples, ils en reçurent le dépôt, et « Abraham tressaillit de joie à la pensée qu'il verrait le jour du Rédempteur [2] ».

Comment l'or pur s'est-il changé en plomb ? Comment « le peuple de Dieu » est-il devenu la nation maudite ? Comment les Juifs, qui vivaient depuis tant de siècles dans l'attente du Juste, l'ont-ils crucifié quand il s'est montré à eux ? Comment ceux dont les pères avaient reçu, sur le Sinaï, le Décalogue de justice et d'amour, l'ont-ils remplacé par la loi de haine, de meurtre et de vol qui les régit aujourd'hui et s'appelle LE TALMUD ?... Voilà ce qu'il nous a paru nécessaire d'expliquer avant d'aborder, d'après les sources les plus sûres, l'examen du Talmud

---

2. JEAN, IX, 56. A rapprocher du texte de David : « Dieu n'a pas montré tant de prédilection pour d'autres nations et ne leur a pas ainsi manifesté ses jugements. *Non fecit taliter omni nationi et judicia sua non manifestavit eis.* »

lui même et des conséquences qu'entraîne l'adoption de sa morale.

Nous allons donc, dans une étude historique appuyée sur des faits que nous croyons irréfutables, indiquer comment s'opéra la corruption d'Israël, quel terrain propice cette corruption rencontra dans les défauts ethniques particuliers à la race juive, et quels facteurs politiques rendirent le Juif infidèle à sa mission, le conduisant au Déicide d'abord, à la lutte traditionnelle et séculaire contre le Christianisme ensuite. On aura ainsi la clef d'une énigme autour de laquelle se déroule la politique du Monde depuis deux mille ans.

PREMIÈRE PARTIE

CHAPITRE PREMIER

Les anciennes apostasies d'Israël

Nous avons dit que la corruption religieuse des Juifs fut favorisée par des défauts ethniques qui leur étaient particuliers. Ils semble bien, en effet, que la descendance de Jacob n'ait pas attendu longtemps pour démériter des promesses divines. A l'heure même où commençait leur existence nationale, et où l'Éternel, par la voix de Moïse, les appelait à la possession de la Terre Sainte, les Hébreux sentaient au fond de l'âme une inclination invincible pour le culte des faux dieux de l'Orient. Ce culte avait pour eux de tels attraits qu'ils profitaient de la moindre occasion favorable, telle que l'absence momentanée du législateur que la Providence leur avait donné, pour relever les idoles proscrites et leur rentre les honneurs interdits. Les descendants de Jacob font éclater cet état d'esprit dès les premières pages de l'exode, où Jéhovah accumule cependant les miracles en faveurs du peuple qu'il s'est choisi.

Un épisode bien connu rend sensible cette apostasie de cœur des Hébreux sortis d'Égypte, qui se hâtent de renier le Dieu auquel ils doivent leur libération. Israël campe au pied du mont Sinaï, retentissant de tonnerre et environné d'éclairs, sur lequel Moïse reçoit en tremblant les tables de la Loi. Le législateur redescend vers ses compatriotes et leur apporte le témoignage de la protection divine. Il les trouve dansant autour du Veau d'Or, qu'ils ont réclamé dès que Moïse a été absent, et que leur a fabriqué Aaron, son propre frère... Devant ce prompt reniement, l'Écriture fait prononcer à l'Éternel ces paroles amères : « Je vois que ce peuple est un peuple au cou raide [3]... ».

C'est un mot qui reviendra bien souvent encore dans la suite du livre saint, au fur et à mesure qu'Israël multipliera ses apostasies et retournera inlassablement aux cultes des peuples d'Orient, qui divinisaient la Luxure et la Cruauté. Aussi, quand Samuel, vieilli, se plaindra de l'ingratitude des Hébreux envers lui, l'Éternel, pour le consoler, lui adressera ces mots mélancoliques : « ... Ce n'est pas toi qu'ils rejettent ; c'est moi qu'ils rejettent, afin que je ne règne plus sur eux. Ils agissent à ton égard comme ils ont toujours agi, depuis que je les ai fait monter d'Égypte jusqu'à ce jour ; ils m'ont abandonné pour servir d'autres dieux [4]... ».

Comme on le voit, si l'élection divine récompensait dans les descendants d'Abraham et de Jacob les mérites de leurs pères, elle se heurtait déjà, dans le cœur

---

3. Exode, XXXII, 9.
4. I Samuel, VIII, 7 et 8.

LES ANCIENNES APOSTASIES D'ISRAËL

de ces mêmes descendants, à des résistances dont peu d'autres peuples eussent donné l'exemple. Effrayés par la mission qui leur était confiée, les Hébreux n'aspiraient qu'à s'en libérer. Et si la Bible nous offre, pendant la première partie de leur Histoire — celle qui va de la sortie d'Égypte à l'établissement de la Monarchie (1625 à 1096 avant Jésus-Christ) — de grandes figures de prophètes et de justes, elle nous montre aussi ces derniers constamment en lutte contre les tendances idolâtriques de leurs compatriotes.

Deux circonstances vinrent encore fortifier, chez les Israélites, cette propension naturelle à l'apostasie. La première fut le mélange des éléments ethniques, qui altéra de bonne heure l'unité de la race dans la plupart des tribus. La seconde fut le contre-coup des luttes politiques intestines de l'État hébreu. Examinons l'une et l'autre de ces causes d'évolution.

Les fils d'Israël ne conquirent et n'occupèrent pas tout le territoire de la Terre Promise. Au Sud, les Philistins, peuple guerrier d'origine Crétoise, ne purent jamais être asservis ; au Nord, s'élevaient les villes du puissant empire Phénicien, qui se bornèrent à admettre les tribus d'Aser, de Nephtali et de Dan dans leurs campagnes ; dans l'intérieur même du pays, les cités Cananéennes résistèrent longtemps, isolément, aux efforts des Hébreux et conclurent finalement, avec les tribus qui occupaient leur territoire, des contrats de vassalité ; Jérusalem, capitale des Cananéens, devait rester indépendante pendant près de six siècles : elle ne fut prise qu'en 1042 avant Jésus-Christ, par le roi David, qui en fit sa capitale[5]. Il

---

5. JUGES, I, 17 à 36 ; II, 1 à 5 ; III, 1 à 6.
II SAMUEL, V, 4 à 10.
Voir en outre : Maspéro, *Histoire ancienne des peuples de l'Orient.*

résulta de cet ensemble de résistances un contact étroit des nouveaux venus avec ceux des anciens habitants du sol qu'ils n'avaient pu expulser ou détruire ; malgré la défense des mariages mixtes formulée par Moïse, sur beaucoup de points, le sang se mêla, les mœurs et la religion des Cananéens devinrent familières aux Israélites, et le culte des dieux de Canaan leur fit oublier celui de Jéhovah.

Ces dieux cananéens étaient les mêmes que ceux de la Phénicie, dont les hardis marins de Tir et de Sidon établirent les autels partout où ils pénétrèrent, c'est-à-dire non seulement à Carthage, mais sur tout le littoral de la Méditerranée, sur la côte Ouest et Nord de l'Europe, sur la côte occidentale d'Afrique, et jusque dans la mer Rouge. C'était Moloch, le dieu-taureau, (ailleurs honoré sous les noms de Melkarth et de Baal), avec sa gigantesque statue de fonte, creuse et rougie au feu, dans laquelle on jetait des victimes humaines ; Moloch, dont le veau d'or n'était que la figure emblématique, et qui exigeait de ses fidèles le sacrifice le plus douloureux : celui de leur enfant premier-né[6]. C'était aussi Astarté, la déesse de la luxure, avec ses collèges de courtisanes sacrées, avec sa prostitution obligatoire de toutes les femmes, à certaines fêtes de l'année. Au lendemain de la conquête comme lorsqu'ils furent maîtres du sol, sous leurs Juges comme sous leurs Rois, les Hébreux s'adonnèrent en grand nombre au culte

---

6. Ce culte atroce a laissé des traces jusque dans notre langue. Quand les Romains s'établirent dans la Sardaigne, qui avait été longtemps possession phénicienne, ils la trouvèrent couverte de statues ardentes élevées à Moloch. Les cris et les plaintes des victimes humaines jetées dans l'effroyable machine se fondaient, au dehors, en un espèce de ricanement effrayant, que les Romains appelèrent le « rire de Sardaigne » ou « sardonique ». Nous employons encore le mot sans songer aux souvenirs qu'il évoque.

LES ANCIENNES APOSTASIES D'ISRAËL

de Moloch et d'Astarté, leur élevèrent des « hauts lieux » et firent « passer par le feu » leurs enfants. Les Prophètes ne cessent de leur reprocher ces sacrifices humains qui ne sont point, aujourd'hui encore, tellement disparus chez les Juifs qu'on ne puisse en retrouver quelque trace dans la pratique du « crime rituel »[7].

Une cause politique vint, en 976 avant Jésus-Christ, implanter définitivement ces cultes impurs dans le plus grand nombre des tribus. Le gouvernement du peuple hébreu avait d'abord été un mélange de Théocratie et d'anarchie démocratique. « En ce temps-là, il n'y avait point de roi en Israël ; chacun faisait ce que bon lui semblait », est une phrase qui revient souvent dans l'Écriture[8]. Ce mode de gouvernement avait le grave inconvénient d'affaiblir le pays en face des États païens qui l'entouraient et que leur statut monarchique rendait militaires. Aussi est-ce afin d'avoir un chef pour « marcher à leur tête et conduire leurs guerres[9] » que les Hébreux finirent par réclamer un roi. Ces rois, dont le pouvoir datait de la veille, furent froidement accueillis par le corps sacerdotal, auquel ils venaient enlever une partie de sa puissance matérielle ; et eux-mêmes envièrent l'autorité morale que conservaient les prêtres du Vrai Dieu, autorité qui tenait en bride les fantaisies du souverain. De là une

---

7. Ce n'est point ici le lieu de traiter cette grave question, qui a, maintes fois, soulevé les populations contre les Juifs, rendus responsables du crime de certains d'entre eux, que les autres couvraient par solidarité. Qu'il nous suffise de rappeler que le Martyrologe consacre la mémoire d'un grand nombre d'enfants torturés et mis à mort par les Juifs molochistes. Rien que depuis un quart de siècle, et bien que la magistrature de tous les pays soit aujourd'hui plus ou moins favorable aux Juifs, une dizaine de « crimes rituels » ont été juridiquement constatés.
8. Notamment : JUGES, XXI, 25.
9. I SAMUEL, VIII, 20.

lutte sourde qui apparaît avec Saül, s'apaise un moment avec David, le roi-prophète, puis renaît sous Salomon, (lequel sacrifia à Moloch dans les derniers temps de sa vie), et enfin éclate avec le schisme des dix tribus.

En 976, quand Salomon mourut, les tribus du Nord, qu'il avait chargées de lourds impôts pour embellir Jérusalem, se soulevèrent contre son fils Roboam, lapidèrent le trésorier Adoram qui était envoyé vers elles pour lever de nouvelles sommes, et se donnèrent pour roi un ancien officier de Salomon, Jéroboam, qui avait dû se réfugier en Égypte pour échapper à la disgrâce du feu roi. Le schisme qui s'ensuivit sépara les Hébreux en deux nations, qui ne se mêlèrent plus : le royaume d'Israël, au Nord, qui reconnaissait pour roi Jéroboam ; et, au Sud, le royaume de Juda (du nom de la plus importante tribu juive), qui resta fidèle à la descendance de David et garda Jérusalem comme capitale [10].

Le fait que cette ville, où avait été transportée l'arche d'alliance et où Salomon avait construit un temple pour l'abriter, était restée aux mains de Roboam, gênait profondément l'usurpateur. La loi religieuse prescrivait, en

---

10. Nous adoptons la division consacrée, qui admet que le royaume d'Israël se composa de dix tribus, et celui de Juda des deux tribus de Juda et de Benjamin. Cependant, au point de vue territorial tout au moins, cette délimitation est loin d'être correcte. Tout le territoire de la tribu de Siméon, qui était enclavé dans celui de la tribu de Juda, fit partie du royaume de Roboam. et il semble dès lors que celui-ci ait régné sur trois tribus et non sur deux. D'autre part, la moitié nord du territoire de Benjamin, avec Béthel, fit partie du royaume d'Israël tandis que la moitié sud du territoire de Dan restait fidèle à Roboam. Le royaume d'Israël se trouva être trois fois plus vaste et deux fois plus peuplé que celui de Juda ; mais sa rivalité avec les puissants États phénicien et syrien, qui le bornaient au Nord, ne lui permit pas de profiter de cet avantage.

effet, que les sacrifices fussent célébrés dans l'enceinte du temple où résidait l'arche de l'Éternel ; partout ailleurs, ils n'étaient point valables. Le peuple montait donc chaque année à Jérusalem pour y sacrifier. Mais, en y montant, les Hébreux du royaume d'Israël entraient en territoire soumis au souverain légitime, se trouvaient dans le cadre où éclatait le mieux sa puissance, et en contact avec les Lévites, qui étaient restés étroitement attachés à la descendance du roi-prophète. Il y avait là pour les sujets de Jéroboam une grande tentation de renoncer au schisme ; et Jéroboam pensa ne pouvoir mieux combattre ce péril qu'en s'efforçant d'éteindre, dans son royaume, la religion de Moïse, et en généralisant le culte des faux dieux, que Salomon n'avait pratiqué que d'une manière privée. C'est ce qui eut lieu, comme en témoigne le passage suivant :

« Jéroboam dit en son cœur : Le royaume pourrait bien, maintenant, retourner à la maison de David. Si ce peuple monte à Jérusalem, pour faire des sacrifices dans la maison de l'Éternel, le cœur de ce peuple retournera à son seigneur, à Roboam, roi de Juda, et ils me tueront et retourneront à Roboam, roi de Juda. Après s'être consulté, le roi fit leur veaux d'or et il dit au peuple : Assez longtemps vous êtes montés à Jérusalem ; Israël, voici ton Dieu, qui t'a fait sortir du pays d'Égypte ! Il plaça un de ces veaux à Béthel et mit l'autre à Dan. Ce fut là une occasion de péché. Le peuple alla devant l'un des veaux jusqu'à Dan. Jéroboam fit une maison de hauts lieux, et il créa des prêtres pris parmi tout le peuple et n'appartenant point aux fils de Levi[11]... ».

Jéroboam commençait ainsi la série de ces rois d'Israël, impies par calcul, persécuteurs des Hébreux ortho-

---

11. I Rois, XII, 26 à 31.

doxes, dont Achab est resté le type le plus connu. En vain, beaucoup de leurs sujets refusèrent-ils de les suivre dans cette voie, comme ils avaient refusé de suivre l'exemple des Hébreux déjà conquis par l'idolâtrie ; en vain, à défaut des Lévites, tous réfugiés dans le royaume de Juda, des Prophètes surgirent-ils des rangs du peuple pour faire entendre la parole du Vrai Dieu : les rois d'Israël persévérèrent dans une politique qui les délivrait de la tutelle sacerdotale et rendait leur pouvoir absolu. A peine y eut-il une courte réaction orthodoxe pendant le règne de l'usurpateur Jéhu, qu'avait suscité le prophète Élisée ; la descendance de Jéhu revint vite à la politique des monarques précédents et envoya les serviteurs de l'Éternel au supplice. En sorte qu'en 721 avant Jésus-Christ (deux siècles et demi après le schisme des tribus), moitié apostasie volontaire et moitié contrainte du pouvoir royal, la loi de Moïse n'était plus suivie qu'en cachette et par une petite· minorité dans le royaume d'Israël.

Cette année là, Salmanazar, roi d'Assyrie, qui venait d'imposer un tribut à Osée, roi d'Israël, apprit que ce dernier cherchait à s'en affranchir et négociait avec l'Égypte. Les Assyriens ravagèrent alors effroyablement le royaume, s'emparèrent d'Osée, et assiégèrent sa capitale, Samarie, qui succomba après un siège de trois ans. Les dix tribus subirent le sort que les Assyriens réservaient à la plupart des peuples vaincus par leurs armes : tout ce qui avait survécu de la population fut rassemblé, transporté à des centaines de lieues, au delà de l'Euphrate, et «dénationalisé». On mélangea les fils d'Israël avec d'autres races ; et, comme ils n'avaient plus la sauvegarde de la religion traditionnelle pour rester unis malgré l'exil et la dispersion, comme leurs dieux étaient, à peu de chose près, les mêmes que ceux de leurs vainqueurs, ils

LES ANCIENNES APOSTASIES D'ISRAËL

ne tardèrent pas à se fondre dans ceux-ci et à disparaître à jamais [12].

---

12. Des fugitifs, qui avaient réussi à éviter l'exil en se cachant dans les lieux écartés, reparurent la tourmente passée. Ils durent partager le sol de leur pays avec les colons assyriens d'au delà de l'Euphrate, que le roi d'Assyrie avait envoyés pour le repeupler. Là aussi, le mélange des races s'effectua à la faveur de l'idolâtrie. Cependant un petit nombre d'Israélites continuaient, sans prêtres ni culte organisé, à adorer le Dieu de leurs pères. Quelques exemplaires du Pentateuque était le seul lien qui les rattachât à leur tradition religieuse, et la vieille hostilité du royaume d'Israël contre celui de Juda les détournait de se réunir au culte célébré à Jérusalem. Ils imaginèrent de sacrifier à l'Éternel sur le mont Garizim, qui domine Samarie, et qui est la montagne du haut de laquelle Josué bénit le peuple à son entrée en Canaan et lui partagea la Terre Sainte. Ce culte dissident alla s'affirmant quand Jérusalem succomba devant les Chaldéens. Quand les habitants de Juda revinrent de la captivité de Babylone, en 536 avant Jésus-Christ, les Samaritains avaient converti beaucoup des colons païens qui peuplaient la Terre Sainte ; mais ils virent avec jalousie la reconstruction du temple de Jérusalem et essayèrent de l'empêcher, ce qui excita entre eux et les Juifs une haine qui s'est perpétuée de siècle en siècle. En 331 avant Jésus-Christ, alors qu'Alexandre le Grand venait de conquérir la Palestine, Manassé, frère du Souverain Sacrificateur de Jérusalem, fut banni pour avoir épousé une femme samaritaine. Il se retira à Samarie, avec un grand nombre de Lévites qui épousèrent sa cause, obtint d'Alexandre la permission de construire un temple sur le mont Garizim, et organisa le sacerdoce samaritain. Tous les bannis de Jérusalem trouvèrent là un refuge assuré ; aussi les Juifs avaient-ils les Samaritains en horreur et interdisaient-ils d'avoir commerce avec eux, « même pour les nécessités urgentes de la vie ». Ce fut un des griefs faits au Christ que d'avoir accueilli des Samaritains. Ceux-ci se sont perpétués jusqu'à nos jours et existent encore en Palestine et dans certaines villes d'Égypte et de Turquie ; leur haine pour les Juifs et celle des Juifs pour eux est restée la même qu'avant l'ère chrétienne. Ils admettent comme livre sacré que le *Pentateuque*, auquel ils ont ajouté une Chronique appelée *Livre de Josué*, qui raconte d'une manière fantaisiste l'Histoire Sainte et s'attache à démontrer la prééminence et l'antériorité du temple du mont Gazirim sur le temple

Dans le royaume de Juda, la religion de Jéhovah s'était plus facilement maintenue, Roboam ne devant d'y régner qu'au prestige religieux de son aïeul, le roi David, et à la protection des Lévites. Mais les mêmes causes qui avaient amené, à Samarie, la lutte de la royauté contre la loi mosaïque, existaient aussi à Jérusalem : les rois de Juda se lassèrent de partager l'autorité avec les prêtres de Jéhovah ; ils envièrent le pouvoir absolu des rois d'Israël ; à leur exemple, ils finirent par implanter le culte des faux dieux, afin d'affaiblir la loi de Moïse.

Il y avait, dans cette évolution, plus d'ambition politique que de préoccupation religieuse : un exemple bien connu, l'épisode d'Athalie et de Joas, le prouve. Joas avait été sauvé par les Lévites de la cruauté d'Athalie ; il leur devait sa couronne. A peine règne-t-il qu'il éprouve cependant le désir de se soustraire à leur tutelle. Il entre donc en lutte avec eux, reprend la politique d'Athalie et fait lapider le Grand Prêtre dans les parvis du temple. A quelques détails près, cette histoire est celle d'un grand nombre de ses successeurs.

Cependant, malgré l'hostilité de la plupart des rois de Juda, le culte du Vrai Dieu ne fut jamais complètement interrompu dans ce royaume ; il était encore celui du plus grand nombre des Juifs [13] quand Jérusalem tomba, en l'an 606 avant Jésus-Christ, au pouvoir des Chaldéens

---

de Jérusalem. Ce *Livre de Josué*, contient des anachronismes qui permettent d'en fixer la rédaction au Ve siècle de notre ère.

13. Le nom d'Israélites appartient à tous les enfants de Jacob, qui fut appelé *Israël*, c'est-à-dire : *celui qui lutte contre Dieu* (GENÈSE, XXXIII, 28). Celui de Juifs (*Judæi*) est particulier aux Israélites faisant partie de la tribu (et par extension du royaume) de Juda. Par suite de la fusion des dix tribus avec les Assyriens, il n'y a plus aujourd'hui d'autres Israélites que les Juifs, car les Samaritains sont une race de prosélytes et n'ont presque pas de sang hébreu.

de Nebucadnetzar, lequel emmena le roi Jojakim et une partie de la population en captivité à Babylone et donna au reste du peuple des rois de son choix. Ces derniers ayant aspiré à secouer le joug, Nebucadnetzar[14] revint seize ans plus tard, ruina Jérusalem de fond en comble et emmena captifs tous ceux qu'il avait épargnés une première fois et qui ne purent chercher à temps un refuge en Égypte.

Ce fut le commencement de la grande Captivité de Babylone, qui allait avoir une influence décisive sur les destinées religieuses de la nation juive.

---

14. Nebucadnetzar (appelé aussi Nabucodonossor) était le fils de Nabopolassar, roi des Chaldéens dont la capitale était Babylone. .Après avoir été longtemps soumis aux Assyriens, dont la capitale était Ninive, les Chaldéens avaient réussi, sous le règne de Nabopolassar, à se libérer et même à asservir leurs anciens maîtres. Cette victoire de la Chaldée sur l'Assyrie était la revanche d'une civilisation ancienne, raffinée et scientifique, sur l'empire policé, mais purement militaire, des Assyriens.

La Grande Prostituée de Babylone – Apocalypse, pl. 13
Durer Albrecht

CHAPITRE II

La Captivité de Babylone et les Pharisiens

IL était dans la tradition des Hébreux, après chacune de leurs apostasies nationales, d'être ramené au culte du Vrai Dieu par l'amertume de la domination étrangère. Cette fois, la déchéance subie était plus grande encore qu'au temps où Moabites, Ammonites et Syriens campaient en maîtres sur les collines de la Terre Sainte : c'était la patrie même qu'il fallait quitter, pour aller, sous la surveillance du vainqueur, coloniser une terre lointaine. L'Écriture atteste que le déchirement fut terrible pour les Juifs conduits en captivité. Mais, comme la religion de Moïse n'avait point disparu en Juda, son peuple captif en Chaldée y trouva une source d'énergie qui avait manqué aux gens d'Israël, depuis longtemps païens quand ils avaient été transportés dans les plaines d'Assyrie. Au lieu de se « dénationaliser » comme l'avaient fait leurs frères séparés, les Juifs se resserrèrent autour de leurs prophètes. La souffrance épura la religion du peuple et le ramena tout entier à la foi de ses pères.

A côté de ce renouveau d'orthodoxie de la masse, la captivité de Babylone eut malheureusement une conséquence moins heureuse : elle corrompit l'élite intellectuelle du peuple juif à la faveur du contact d'idées qui s'établit entre vainqueurs et vaincus.

Les Chaldéens n'étaient pas, comme les Assyriens, un peuple uniquement dominateur et guerrier ; sans être très douces, leurs mœurs se révélaient moins inhumaines que celles de leurs éternels rivaux. Lorsqu'ils transportaient dans une de leurs provinces, selon la coutume antique, les restes d'une nation vaincue, ils ne la réduisaient pas en esclavage, comme les Assyriens ne manquaient pas de le faire, mais ils l'incorporaient en quelque sorte dans leur propre population. Les soldats étaient ainsi appelés, comme avant leur défaite, à porter l'épée ; les agriculteurs et les artisans entraient dans les corps de métiers des vainqueurs ; les prêtres étaient reçus dans ces collèges de sages, d'astrologues et de devins qui avaient porté si loin la renommée scientifique de la Chaldée et où se cultivaient toutes les connaissances intellectuelles de l'époque, depuis la philosophie pure et l'Histoire jusqu'à l'astronomie et à la théurgie[15]. Tel fut le sort des Juifs transportés à Babylone ; et nous voyons Nebucadnetzar, dès la première prise de Jérusalem, s'entourer de jeunes pages empruntés aux familles nobles de Juda. Plus tard, le

---

15. Voir : Oppert, *Histoire des empires de Chaldée et d'Assyrie* ; Lenormant, *Les premières civilisations* ; Maspéro, *Histoire ancienne des peuples de l'orient*.

prophète Daniel deviendra même le chef du collège des prêtres chaldéens [16].

Ce mélange intime entre Juifs transportés et Chaldéens ne réussit pas, nous l'avons dit, à déterminer la fusion des éléments hébreux ; il n'adoucit même pas le ressentiment des vaincus contre leurs vainqueurs, qu'ils détestèrent toujours passionnément [17]. Mais il amena une pénétration réciproque entre les prêtres Chaldéens et les lévites Juifs, appelés à partager la même vie et à se livrer aux mêmes travaux. Deux mondes intellectuels, qui s'étaient ignorés jusque là, se trouvaient en présence.

Or, la doctrine philosophique qui dominait, chez les lettrés Chaldéens, au dessus des simplifications superstitieuses qui suffisaient pour bercer le sentiment religieux des masses, c'était le Panthéisme le plus absolu. Dans ce vaste temple qu'est l'Univers, le lettré Chaldéen supprimait le Créateur, qui l'a construit pour sa gloire. Cause et effet tout ensemble, le monde était incréé et devenait à lui-même son propre Dieu. L'idée même de Divinité se confondait avec l'Harmonie universelle qui régit toutes choses, et avec chacune des choses qu'elle régit. Dieu se trouvait donc être, tour à tour et tout ensemble, la Terre dont le sein nourrit les hommes, la rosée qui la fertilise, le Soleil qui éclaire et qui réchauffe, le vent qui transporte le pollen fécondant des végétaux ; Dieu, c'était le principe de vie qui perpétue les espèces humaines et animales ; qui fait que les plantes germent, croissent, meurent et ressuscitent ; qui se manifeste jusque dans les corps en

---

16. Daniel, V, 11 et 12.
17. Le délicieux psaume CXXXVII, plein de charme et de poésie : « Sur les bords des fleuves de Babylone, nous étions assis et nous pleurions »…, s'achève par cette fin moins connue : « Fille de Babylone, heureux qui saisit tes enfants et les écrase sur le roc ! »

apparence inanimés. Identifié avec une espèce de respiration de la Nature incréée et éternelle, Dieu résultait du Monde, et non le Monde de Dieu[18].

On conçoit qu'un pareil système, qui est empreint d'une bizarre mais indéniable poésie, ait eu, de tout temps, de quoi séduire l'âme humaine. Il la séduisait d'autant plus que ce système avait pour conséquence immédiate l'épanouissement de l'orgueil humain dans le culte de l'Homme divinisé.

En effet, si nul Être suprême et distinct de la Nature ne s'imposait à celle-ci par droit de création, si toute chose avait, en quelque sorte, une intelligence ou une âme, et si Dieu n'était que la somme de toutes les âmes conscientes ou inconscientes de l'Univers, une hiérarchie existait nécessairement entre ces âmes, dont chacune était une partie de Dieu, mais qui ne pouvaient renfermer Dieu que d'une manière fort inégale. Le principe divin devait se trouver distribué en moindre abondance dans une pierre que dans un arbre, qui vit, respire, croît et meurt ; dans un arbre que dans un animal, qui pense, discerne et agit ; dans un animal que dans un homme, qui médite sur le passé et l'avenir, sonde les problèmes de la Nature, corrige les imperfections de celle-ci par son labeur et son ingéniosité, et se perfectionne lui-même indéfiniment. Au sommet de cette échelle des êtres, l'Homme, beaucoup plus parfait et plus intelligent que tous les autres, absorbait évidemment la plus grande somme de l'essence di-

---

18. Ceux de nos lecteurs qui sont familiarisés avec les ouvrages de Franc-Maçonnerie hermétique reconnaîtront immédiatement les idées favorites des pontifes de la secte, idées qu'ils ont héritées des sociétés alchimiques du Moyen-Age, qui les tenaient elles-mêmes des Juifs kabbalistes. Même observation pour le culte de l'Homme divinisé, qui était le fond du Panthéisme chaldéen, et qui est resté celui de l'Occultisme ancien et moderne.

vine qui compose l'Univers. Ayant vidé le ciel de tout être supérieur à lui-même, il était véritablement le Dieu de ce monde, où tout lui apparaissait inférieur et subordonné.

Dès lors, toutes les données morales sur lesquelles se fondent les civilisations étaient sapées par la base. L'Homme, seul véritable Dieu de la Nature, n'avait plus à plier le genou devant des cieux vides et sourds ; c'était au contraire en lui-même, en interrogeant ses désirs et ses instincts, qu'il devait chercher la divinité. Les libres volontés de l'être humain devenaient les volontés d'un Dieu ; leur résister, les enchaîner, les discipliner, étaient autant d'impiétés ; la vraie religion consistait à honorer et à satisfaire tous les appétits de l'Homme [19].

Cette religion de l'orgueil humain, dont les lettrés Chaldéens avaient formulé les dogmes, il y a 3.000 ans, aussi nettement qu'ils ont pu l'être au XVIIIe siècle par Claude de Saint Martin, allait se rencontrer, chez les Lévites, avec une doctrine d'origine toute différente, mais qui présentait de singulières affinités avec celle que nous venons d'exposer : le culte de l'orgueil ethnique. Il nous faut parler ici d'une singulière déformation qui s'était in-

---

19. Les sages de la Chaldée n'étaient peut-être pas les seuls dépositaires de cette doctrine, qui semble avoir été celle de tous les mystères de l'Antiquité, et qui se voilait, aux yeux des peuples, au moyen d'une théogonie allégorique. En faisant tour à tour l'analyse et la synthèse de cette théogonie, on constatera aisément que les Dieux proposés à l'adoration des foules n'étaient que la personnification, grandiose ou dépravée, des différents instincts humains, et que l'ensemble de la religion païenne était dominé par le culte de la Nature-mère. C'est ce culte qu'on retrouvera, ensuite, au fond de la plupart des doctrines opposées au Christianisme, depuis le Manichéisme et le Mithriacisme des premiers siècles de notre ère, jusqu'au Martinisme et à la Théosophie modernes, en passant par le Kabbale et l'Alchimie du Moyen-Age. Le Matérialisme vulgaire, qui aboutit aux mêmes conclusions pratiques que cette doctrine, n'en est que la traduction pour cerveaux primaires.

troduite, même chez les Juifs orthodoxes, au sujet de la prédestination d'Israël et du dépôt de la vraie Foi qu'il avait reçu.

Les Prophètes n'avaient cessé de répéter aux Juifs cette vérité que Dieu avait choisi le peuple hébreu, entre tous les autres, pour en faire « son peuple » ; qu'il le dirigeait et veillait sur lui avec une dilection particulière ; et que les autres peuples n'avaient jamais été l'objet des mêmes promesses éternelles. Cette pensée n'avait pas toujours retenu les Juifs sur la pente de l'apostasie, mais elle ne laissait pas de les avoir pénétré de la conscience de leur supériorité ethnique. A force de songer que la Divinité avait sur eux des vues particulières, beaucoup d'entre eux croyaient que cette élection divine était la juste récompense des mérites de leur race. Ils considéraient « l'alliance » entre Jéhovah et les fils d'Israël comme un traité de puissance à puissance assurant aux Juifs, en échange de leur fidélité, la primauté matérielle sur tous les hommes ; un mépris mêlé de haine était le seul sentiment que leur inspiraient les autres nations ; quant à la leur, elle se magnifiait dans leur pensée jusqu'à devenir le « peuple-Dieu » bien plus que le « peuple de Dieu ».

Tel était l'état d'esprit d'une grande partie des habitants de Juda quand la Captivité leur révéla la Chaldée et ses sages. A cette époque où l'Assyrie, l'Ourarti, la Médie et la Percide n'étaient peuplées que de guerriers, où le commerce absorbait toutes les facultés des Phéniciens, les deux peuples les plus intellectuels de l'Asie se trouvaient être les Chaldéens et les Juifs. Différents en bien des choses, ils se trouvaient rapprochés par la culture de leurs élites : le culte de l'Orgueil humain, qui berçait l'une, le culte de l'Orgueil ethnique, qui exaltait l'autre, les firent se comprendre et se pénétrer réciproquement.

LA CAPTIVITÉ DE BABYLONE ET LES PHARISIENS

Il n'entre pas dans notre place de rechercher ce que la philosophie chaldéenne d'abord, et perse ensuite, empruntèrent aux Lévites. Qu'il nous suffise de rappeler qu'une tradition constante donne pour maître à Zoroastre un prophète juif, qui fut Daniel ou Esdras, et que c'est là sans doute qu'il faut chercher l'origine de certains principes élevés, venus du monothéisme juif, qu'on rencontre dans l'enseignement du philosophe asiatique. Inversement, la pensée Chaldéenne agit puissamment sur le Judaïsme orthodoxe, et détermina la naissance, dans son sein, d'une secte qui devait transformer Israël et rendre au nom de ce dernier la signification que son étymologie comporte : « celui qui lutte contre Dieu ». Cette secte était celle des « Pharisiens » d'un mot hébreu qui signifie : « séparés » et qui, à lui seul, fait songer à l'hérésie et au schisme [20].

Il n'est jamais question des Pharisiens, dans l'Écriture ou dans les historiens juifs, avant la Captivité de Babylone ; et, depuis les travaux de Munck, il n'est plus contesté que cette secte soit précisément née à l'époque de cette captivité, par suite de l'influence que la philosophie chaldéenne exerça sur un certain nombre d'intellectuels hébreux, Lévites pour la plupart. Mais, si la thèse de cet auteur est démontrée sur ce point, il apprécie moins exactement, croyons-nous, l'importance des emprunts que ces lettrés juifs firent aux doctrines de leurs maîtres. Ce qu'ils leur prirent, en effet, ce ne fut pas seulement un

---

20. Cette signification est probablement celle que les « Pharisiens » donnaient au nom de leur secte ; mais ils expliquaient autrement ce nom au peuple d'Israël en disant qu'ils étaient « distingués » des autres Juifs et comme « mis à part » par leur piété. — A l'heure même ou la philosophie chaldéenne donnait naissance au Pharisianisme, elle fournissait aussi ses dogmes à Pythagore, lequel au témoignage de Jamblique étudia douze ans à Babylone vers les débuts de la grande Captivité.

lot de superstitions sur les âmes des choses, leur transmigration, et les génies des éléments ; ce fut aussi l'essence même de la doctrine panthéiste — qu'ils habillèrent, il est vrai, à la juive, et qu'ils s'efforcèrent d'harmoniser avec leur orgueil de « peuple-élu ». C'est alors que se forma, de ces apports chaldéens dans la pensée juive, cette Kabbale (ou Tradition) des Pharisiens, qui, longtemps transmise oralement des maîtres aux disciples, devait inspirer, huit cents ans plus tard, la rédaction du TALMUD, et trouver son expression la plus complète dans le *Sepher ha Zohar*[21].

Avant d'éclater orgueilleusement comme l'expression des aspirations juives, la « Tradition » des Pharisiens avait à surmonter de graves difficultés. La principale venait du renouveau de foi orthodoxe provoqué dans le peuple juif par la Captivité. Exposer aux exilés, qui gémissaient sur l'écroulement du temple de Jérusalem, et imploraient de Jéhovah la fin des malheurs de leur patrie, que Jéhovah n'était qu'un vain fantôme, c'était non seulement aller au devant d'un échec certain, mais encore s'exposer à des périls graves, dont le moindre était de perdre à jamais toute autorité en Israël. Les Pharisiens jugèrent plus sage de capter, au contraire, la confiance de leurs compatriotes en prenant la tête du mouvement religieux, en affectant une observation scrupuleuse des moindres prescriptions de la Loi, en instituant des pratiques de dévotion minutieuse et compliquée. Mais, en même temps, ils cultivaient la doctrine nouvelle dans leurs cénacles fermés,

---

21. Ou *Livre de la splendeur*. C'est un ouvrage kabbalistique tenu en haute estime par les Juifs, et aussi, hélas par les kabbalistes d'origine chrétienne — Son auteur supposé est le rabbin Siméon ben Jochai, qui serait né en Galilée, l'an 50 de l'ère chrétienne. Mais il y a lieu de croire que ce rabbin n'a jamais existé et que le *Zohar* ne fut composé que vers le Xe siècle de notre ère. Les suppositions d'auteurs et falsifications de toute espèce sont d'ordre courant en matière de livres kabbalistiques.

LA CAPTIVITÉ DE BABYLONE ET LES PHARISIENS

véritable société secrète, forte de quelques centaines d'adeptes à l'époque de la Captivité, et qui ne dépassait pas 9.000 membres à l'époque de Flavius Josèphe, temps de sa plus grande prospérité.

Ce groupement d'intellectuels panthéistes devait bien vite acquérir une influence dirigeante sur la nation juive. Quand les Perses s'emparèrent de Babylone, en 538 avant Jésus-Christ, les Juifs avaient espéré la fin de leur captivité. Elle s'acheva, en effet, deux ans plus tard, par un édit de Cyrus qui autorisait ceux d'entre eux qui le désiraient à rentrer dans leur patrie. Un premier convoi de 50.000 Juifs partit bientôt après, sous la conduite de Zorobabel, et fut augmenté ultérieurement de nouvelles migrations, que conduisirent Esdras et. Néhémie[22]. Mais, avec les prophètes qui venaient relever le temple, rentraient, hélas ! les Pharisiens qui allaient le polluer de leur hérésie.

Rien, d'ailleurs, qui heurtât de front le sentiment national dans ce qu'ils laissèrent transparaître de leur doctrine : si pénétrés qu'ils fussent de Panthéisme chaldéen, les Pharisiens avaient conservé intact leur orgueil ethnique. Cette religion de *l'Homme divinisé* dont ils s'étaient

---

22. On s'imagine généralement que tout Juda fut emmené en captivité et en revint ensuite. Ni l'un ni l'autre fait n'est exact. Nebucadnetzar n'emmena qu'une partie du peuple à Babylone ; le reste avait cherché un refuge en Égypte et y fit souche. D'autre part, le roi de Chaldée laissa en Juda « quelques-uns des plus pauvres du peuple, ceux qui n'avaient rien ». (JÉRÉMIE, XL, 10). Enfin, quand Cyrus autorisa le retour des Juifs, ceux là seulement revinrent « dont Dieu réveilla l'esprit » (ESDRAS, I, 5) ; le plus grand nombre resta en Chaldée, sans perdre le sentiment de sa nationalité juive. Ce sont ces Juifs, dispersés « dans toutes les provinces du royaume » (ESTHER, IV, 8), qui allaient fournir au roi des Perses son ministre Mardochée. La dispersion des Juifs, qui avait commencé sous Salomon, était donc déjà très avancée 500 ans avant Jésus-Christ.

imprégnés à Babylone, ils ne la concevaient que s'exerçant au profit du Juif, être supérieur et prédestiné. Les promesses de domination universelle que le Juif orthodoxe trouvait dans la Loi, le Pharisien ne les entendait pas dans le sens du règne du Dieu de Moïse sur les nations, mais dans le sens d'une domination matérielle qui serait imposée à l'Univers par les Juifs. Le Messie attendu n'était plus le Rédempteur du péché originel, triomphateur tout spirituel qui rangerait le monde sous sa conduite, c'était un roi temporel et tout sanglant de batailles, qui ferait Israël maître du monde et « foulerait tous les peuples sous les roues de son char[23] ». Cet asservissement des nations, enfin, les Pharisiens ne le demandaient pas à un Jéhovah inexistant, qu'ils ne continuaient à adorer en public que pour flatter le sentiment populaire ; ils ne l'espéraient que de la patience séculaire d'Israël et de l'emploi des moyens humains. Si monstrueusement différents de l'ancienne Loi que fussent de tels principes, ils n'avaient rien, on le voit, qui dût rendre impopulaires ceux qui les laissaient filtrer goutte à goutte parmi les Juifs.

La savante organisation secrète des Pharisiens fit le reste et assura bientôt leur toute puissance politique en Judée. On ne peut mieux définir leur action au milieu de la société juive d'avant Jésus-Christ qu'en la comparant à celle de la Franc Maçonnerie dans la Société moderne. Peu nombreux, mais étroitement solidarisés, et imposant à leurs membres la religion du secret, les Pharisiens poursuivirent inlassablement un double but : 1° s'emparer du pouvoir politique, par la possession des grandes charges

---

23. On lit dans les *Targums* de Jonathan sur Isaïe : « Les peuples sont broyés par le Roi-Messie... Qu'il est beau, le Roi-Messie qui doit surgir de la maison de Juda !... Il engage le combat contre ses ennemis et met à mort les rois ! » (*Dictionnaire de la Bible*, Paris, 1908 ; IV, col. 1034).

LA CAPTIVITÉ DE BABYLONE ET LES PHARISIENS

religieuses (dont l'influence était immense dans la nation juive reconstituée) et par la conquête du Sanhédrin [24] ; 2° faire évoluer peu à peu les conceptions du peuple dans le sens de leur doctrine secrète. Ils réussirent pleinement dans la poursuite de ce double objectif.

Flavius Josèphe nous les montre, en effet, jouissant d'une puissance sans contrepoids grâce à leur solidarité étroite, qui leur faisait traiter en profanes tous les Juifs qui n'avaient point été initiés à leur doctrine secrète, mais leur faisait regarder ceux qui avaient reçu cette initiation comme très supérieurs au reste de l'espèce humaine. Ils peuplèrent les Cours de Justice, dominèrent le Sanhédrin et eurent un tel crédit que les magistrats et les prêtres eux-mêmes, qui formaient l'aristocratie de la Nation, étaient obligés d'embrasser leur parti pour conserver quelque autorité. Les Sadducéens, rap-

---

24. Après le rétablissement du peuple à Jérusalem, le gouvernement fut quelque temps assuré par les gouverneurs juifs nommés par le roi des Perses ; les prophètes Esdras et Néhémie sont les plus connus de ces gouverneurs. Ensuite, le pouvoir appartint au Sanhédrin, sorte d'assemblée souveraine dont l'autorité était à la fois doctrinale, judiciaire et administrative, car il interprétait la Loi, jugeait les causes majeures, levait l'impôt et représentait la nation. Ce Conseil suprême était composé de 71 membres qui pourvoyaient eux-mêmes aux vacances survenues dans leur sein ; le président, ou *nasi*, auquel des honneurs princiers étaient rendus, était ordinairement le Grand Prêtre du temple de Jérusalem. Les 70 membres se répartissaient en trois catégories : les Prêtres, ou sacrificateurs ; les Scribes, ou docteurs de la Loi, choisis pour leur exacte connaissance des textes sacrés ; les Anciens, ou chefs des principales familles. A partir de l'an 130 avant Jésus-Christ, sous le pontificat de Jean Hyrcan, fils de Simon Macchabée. L'usage s'établit de frapper la monnaie juive au nom « du Grand Prêtre et du Sanhédrin ». On verra plus loin comment le Sanhédrin survécut à la ruine définitive de Jérusalem par Adrien, (135 de l'ère chrétienne) et à la dispersion totale des Juifs.

porte Flavius Josèphe, quoique séparés en tout des opinions pharisiennes, étaient contraints, lorsqu'ils occupaient des charges, « de se conformer à la conduite des Pharisiens, parce que le peuple ne souffrirait pas qu'ils y résistassent[25] ».

D'autre part, ils arrivèrent sans trop de peine à faire évoluer la foi d'un grand nombre de Juifs sur beaucoup de points essentiels. La possession de la plupart des grandes charges religieuses et de la majorité du Sanhédrin leur livrait le droit d'interpréter souverainement la Loi. Ils l'interprétèrent on en dénaturant le sens, se servant pour cette besogne de falsification de la « méthode allégorique », la même qui faisait le fondement de leur Kabbale, la même qui servit ensuite aux hérésiarques de tous les temps pour s'attaquer aux textes sacrés, et qui constitue, aujourd'hui encore, la principale ressource du modernisme. Par cette méthode, l'Écriture est dépouillée de toute signification littérale, et les textes qu'elle renferme, au lieu d'être l'exposé d'une vérité objective, deviennent

---

25. Les Sadducéens, qui doivent leur nom à un philosophe juif nommé Saddok, ne formaient pas une secte organisée comparable à celle des Pharisiens ; ils commencèrent à apparaître seulement vers I^e IIIe siècle avant Jésus-Christ. On les confond parfois avec le « parti grec », nom donné aux Juifs qui, sous l'influence de la domination gréco-syrienne des Séleucides avaient adopté les mœurs, la langue et certaines conceptions des philosophes grecs. Les Sadducéens croyaient en un Dieu unique, indifférent au bien et au mal qui se fait sur la terre ; ils niaient l'immortalité de l'âme et estimaient que la vertu est une chose bonne à l'âme comme la santé au corps et qu'il faut la pratiquer pour la satisfaction personnelle qu'elle procure. Recrutés surtout dans l'aristocratie laïque, les Sadducéens ne se groupèrent jamais pour faire prévaloir leur idéal chez leurs concitoyens, et Flavius Josèphe rapporte « qu'autant les Pharisiens vivent en union les uns avec les autres, autant les Sadducéens sont d'une humeur indépendante ; ils ne vivent pas moins froidement entre eux qu'ils feraient avec des étrangers ».

LA CAPTIVITÉ DE BABYLONE ET LES PHARISIENS

le masque de théories et de faits cachés au vulgaire. L'apparente simplicité des récits et des préceptes est considérée comme une habileté de l'écrivain sacré qui a voulu que les lecteurs qui n'auraient point reçu l'initiation des Maîtres prennent préceptes et récits au pied de la lettre, alors qu'ils ne sont destinés, d'après la Kabbale pharisienne, qu'à amorcer des développements oraux, le plus souvent sans rapport avec le texte ou en contradiction avec celui-ci.

Libres de conduire à leur gré ces développements, les Pharisiens parvinrent de la sorte à faire accepter par les Juifs, dans les siècles qui précédèrent la venue du Christ, un grand nombre de leurs théories secrètes. C'est ainsi qu'au contraire de la Loi de Moïse, qui ordonnait aux Hébreux d'aimer et de respecter l'étranger, les Pharisiens parvinrent à inspirer au peuple une horreur instinctive du non-Juif, qui se traduisait entre autres choses par la crainte maladive du moindre contact, assimilé à une souillure. C'est ainsi encore que leur conception du Messie humain, roi temporel et exterminateur des non-juifs, arriva à remplacer celle du Messie surnaturel, dont David saluait la divinité et dont les Prophètes annonçaient, tout ensemble, la pure gloire et l'extrême abaissement. C'est ainsi enfin que la notion orthodoxe du Paradis et de la Géhenne fut abandonnée pour celle de la transmigration des âmes, que les Pharisiens avaient empruntée à la Chaldée[26]. A la veille de la naissance du Sauveur, cette évolution des Juifs était devenue presque

---

26. Flavius Josèphe (*Antiquités juives*, XVIII, 2) rapporte que les Pharisiens s'étaient acquis, par cette croyance en la transmigration des âmes, « une si grande autorité parmi le peuple que celui-ci suit leur sentiment dans tout ce qui regarde le culte de Dieu et les prières solennelles qui lui sont faites ».

33

générale, sans que ceux qui en étaient victimes se rendissent compte qu'ils désertaient la foi traditionnelle.

Cependant tous les cerveaux n'avaient pas été conquis, en Judée, par la savante tactique pharisienne. Un assez grand nombre de Juifs, plus éclairés que les autres, ou guidés par l'intelligence divine, avaient compris que les Pharisiens entraînaient Israël à l'hérésie et avaient tenté de réagir. Paralysés par la puissance politique que détenaient leurs adversaires, ces Juifs orthodoxes avaient été réduits à renoncer à la lutte ouverte et s'étaient à peu près expatriés. Sur les bords de la Mer Morte, en effet, dans des sites sauvages et déserts, ils s'étaient construits des monastères où se conserva jusqu'à l'époque du Christ le dépôt de la vraie Foi. Là vivaient, selon une règle monastique dont Flavius Josèphe et Pline nous ont laissé la description, quelque 4.000 Juifs qui travaillaient et priaient le Dieu de Moïse en attendant l'accomplissement des prophéties ; la haute vertu de leur vie leur valait le respect de tous. Les « Esséniens », c'est ainsi qu'on les appelait, ne faisaient preuve d'aucune faiblesse envers ceux qui s'efforçaient de rendre Israël infidèle à sa mission. C'est ainsi que, tout en remplissant toutes les prescriptions de la Loi, ils s'abstenaient de monter à Jérusalem pour y sacrifier ; non qu'ils désapprouvassent le sacrifice rendu dans le temple, qu'ils honoraient au contraire infiniment, mais parce que ce sacrifice était célébré par des Juifs hérétiques [27].

La hiérarchie religieuse des Esséniens, très absolue, ne limitait pas, d'ailleurs, son influence aux murailles

---

27. Les Esséniens « honoraient le culte célébré dans le temple de Jérusalem, mais ils n'y participaient pas, par la raison que la masse de ceux qui sacrifiaient ne se composa, à leurs yeux, que d'Israélites dégénérés ». — Néander, *Kirchengeschichte*, I, 20.

de leurs couvents. Ils avaient de nombreux partisans laïques, à Jérusalem et dans les villes de Judée, qui formaient un peuple de fidèles aux moines des bords de la Mer Morte et acceptaient leur direction. Dans chaque localité importante, un adepte était chargé de pourvoir aux charges de solidarité qui unissaient ces croyants du Vrai Dieu, dont la morale, inspirée de l'ancienne Loi, était par avance en complet accord avec les prescriptions de la nouvelle[28].

Tel était l'état religieux du peuple juif quand naquit Notre Seigneur Jésus-Christ.

---

28. Flavius Josephe (II, 12, *Guerre des Juifs*) convient que les Esséniens étaient la plus parfaite de toutes les sectes juives. Voilà ce qu'il dit des moines de la Mer Morte :

« Ils vivent dans une union très étroite et considèrent les voluptés comme des vices que l'on doit fuir, la continence et la victoire sur ses passions comme des vertus que l'on ne saurait trop estimer. Ils rejettent le mariage, non qu'ils croient qu'il faille détruire la race des hommes, mais pour éviter l'intempérance des femmes... Ils ne laissent pas néanmoins de recevoir les jeunes enfants qu'on leur donne, pour les instruire et les élever dans la vertu, avec autant de soin et de charité que s'ils en étaient les pères et ils les habillent tous d'une même sorte.

Ils méprisent les richesses ; toutes choses sont communes entre eux avec une égalité si admirable que lorsque quelqu'un embrasse leur secte, il se dépouille de la propriété qu'il possède, pour éviter par ce moyen la vanité des richesses, épargner aux autres la honte de la pauvreté, et, par un si heureux mélange, vivre tous ensemble comme frères.

Ils se croient assez propres et assez parés pourvu que leurs habits soient toujours bien blancs...

Ils sont très religieux envers Dieu, ne parlant que de choses saintes avant le lever du Soleil, et faisant alors des prières, qu'ils ont reçues par tradition, pour demander à Dieu de le faire luire sur la terre. Ils vont après travailler, chacun a son ouvrage, selon qu'il est ordonné. A (11 heures) ils se rassemblent et, couverts de linge, se lavent avec de l'eau froide. Ils se retirent ensuite dans leurs cellules, dont l'entrée n'est permise à nul de ceux qui ne sont pas de leur secte, et, étant purifiés de la sorte, ils vont au réfectoire comme en un saint temple, où, lorsqu'ils sont assis en grand silence, on met devant chacun d'eux du pain et un mets quelconque dans un petit plat. Un sacrificateur bénit les viandes et on n'oserait y toucher avant qu'il ait achevé sa prière. Il en fait encore une autre après le repas, pour finir comme il a commencé, par les louanges de Dieu, afin qu'ils reconnaissent tous que c'est de sa seule libéralité qu'ils tiennent leur nourriture. Ils quittent alors leurs habits, qu'ils considèrent comme sacrées, et retournent à leur ouvrage. Ils font le soir, à souper la même chose et font manger avec eux leurs hôtes s'il en est arrivé quelques uns.

On n'entend jamais de bruit dans ces maisons ; on n'y voit jamais le moindre trouble ; chacun ne parle qu'en son rang et leur silence donne du respect aux étrangers. Une si grande modération est en effet de leur continuelle sobriété, car ils ne mangent ni ne boivent qu'autant qu'ils en ont besoin pour se nourrir.

Il ne leur est permis de rien faire que par l'avis de leurs supérieurs, si ce n'est d'assister les pauvres, sans qu'aucune autre raison les y porte que leur compassion pour les affligés ; car, quant à leurs parents, ils n'oseraient leur rien donner si on ne le leur permet. Ils prennent un soin extrême de réprimer leur colère ; ils aiment la paix et gardent si inviolablement ce qu'ils promettent que l'on peut ajouter plus de foi à leurs simples paroles qu'aux serments des autres. Ils considèrent même les serments comme des parjures, parce qu'ils ne peuvent se persuader qu'un homme ne soit pas un menteur lorsqu'il a besoin, pour être cru, de prendre Dieu à témoin.

Ils ne reçoivent pas à l'heure même ceux qui veulent embrasser leur manière de vivre, mais ils les font demeurer pendant un an au dehors où ils ont chacun, avec le même régime, une pioche, le linge dont nous avons parlé et un habit blanc. Ils leur donnent ensuite une nourriture conforme à la leur et leur permettent de se laver comme eux dans l'eau froide afin de se purifier ; mais ils ne les font point manger au réfectoire avant qu'ils aient encore, pendant deux ans, éprouvé leurs mœurs. Alors on les reçoit parce qu'on les en juge dignes ; mais avant de s'asseoir à table avec les autres, ils s'engagent solennellement à honorer et à servir Dieu de tout leur cœur ; d'observer la justice envers les hommes ; de ne jamais faire volontairement de mal à personne quand même on le leur commanderait ; d'avoir de l'éloignement pour les méchants et d'assister de tout leur pouvoir les bons ; de garder la foi à tout le monde et particulièrement aux princes, parce qu'ils tiennent leur puissance de Dieu. A quoi ils ajoutent que si jamais ils sont élevés en charge, ils n'abuseront point de leur pouvoir pour maltraiter leurs inférieurs, qu'ils n'auront rien de plus que ceux-ci, ni en habit ni en ce qui regarde leurs personnes...

Telles sont les promesses auxquelles ils obligent ceux qui veulent embrasser leur manière de vivre afin de les fortifier contre les vices. Que s'ils y contreviennent par des fautes notables, ils les chassent de leur compagnie...

Ils vivent si longtemps que plusieurs vont jusqu'à cent ans, ce que j'attribue à la simplicité de leur manière de vivre et à ce qu'ils sont si réglés en toute chose. Ils méprisent les maux de la terre, triomphent des tourments par leur constance et préfèrent la mort à la vie lorsque le sujet en est honorable.

Ces mêmes Esséniens croient que les âmes sont créées immortelles pour se porter à la vertu et se détourner du vice ; que les bons sont rendus meilleurs en cette vie par l'espérance d'être heureux après leur mort ; et que les méchants, qui s'imaginent pouvoir cacher en ce monde leurs mauvaises actions, en sont punis dans l'autre par des tourments éternels. »

Ce dernier trait rattache les Esséniens à la fois à la loi de Moise et au Christianisme. On sait déjà que les Sadducéens ne croyaient pas à l'immortalité de l'âme. Les Pharisiens, eux, comme les Spirites et théosophes de nos jours, croyaient à sa réincarnation.

A côté de ces moines, suivant leur doctrine et relevant de leur autorité, Flavius Josephe signale l'existence d'adeptes qui continuaient à habiter dans les villes de Judée. Ils pratiquaient les mêmes abstinences que les moines, sauf en ce qui concerne le mariage, dans lequel ils ne voyaient d'ailleurs « qu'un moyen de perpétuer l'espèce et non la volupté ». Flavius Josephe remarque : « Lorsqu'ils font quelque voyage, ils ne portent autre chose que des armes pour se défendre des voleurs. Ils ont dans chaque ville quelqu'un d'eux pour revenir et loger ceux de leur secte qui y viennent et leur donner des habits et autre chose dont ils peuvent avoir besoin... Ils ne vendent ni n'achètent rien entre eux ; mais ils se communiquent les uns aux autres, sans aucun échange, tout ce qu'ils ont ».

Le repas chez Simon le Pharisien, La prédication du Christ aux apôtres
ÉCOLE VÉNITIENNE, vers 1700.
paire d'huiles sur cuivre (22,5 x 17,5 cm).

CHAPITRE III

Le Christ et les Pharisiens

e triomphe des Pharisiens était bien près d'être complet quand la voix du Juste vint faire chanceler l'édifice de mensonge et démasquer la profonde hypocrisie des sectaires masqués. L'Évangile nous a laissé la trace de l'émoi qui s'empara des Pharisiens lorsque les premiers miracles de Jésus firent entrevoir qu'il était le Messie. Déjà le Fils de Dieu avait, à l'occasion des observances sabbatiques, flétri la fourberie des Pharisiens, qui exagéraient la rigueur des pratiques de dévotion extérieure à l'heure même où ils conspiraient en secret la ruine de la Loi. Les foules qui suivaient Jésus, et qui s'enflammaient à la vue de ses miracles, semblaient annoncer la fin du règne des « vendeurs du temple ». Aussi les Pharisiens envoyèrent-ils, de Jérusalem, une ambassade auprès de Jésus.

Cette ambassade le rencontra sur les bords du lac de Génézareth. Choisissant le prétexte d'une de ces pratiques de purification que les Pharisiens avaient instituées, elle lui fit grief de ce que ses disciples ne l'observaient pas, et lui dit : « Pourquoi tes disciples n'observent-ils pas la kabbalah (tradition) des anciens ?... » Jésus leur répondit : « Et vous, pourquoi transgressez-vous le commandement de Dieu par votre tradition ? » Et leur reprochant d'annuler la parole de son Père, il ajouta : « Hypocrites ! Ésaïe a bien prophétisé sur vous quand il a dit : Ce peuple m'honore des lèvres, mais son cœur est éloigné de moi. C'est en vain qu'ils m'honorent en donnant des préceptes qui sont des commandements d'hommes »[29].

Déjà, la secte n'avait plus qu'une pensée : mettre à mort le fils de Marie, comme avaient été mis à mort avant lui tant de prophètes qui avaient tenté de ramener Israël à la foi d'Abraham. Le récit évangélique est plein des complots des Pharisiens, des pièges qu'ils lui tendirent, des violences auxquelles ils se livrèrent pour se défaire de lui. Leur fureur redoublait à mesure que le Christ allait, de ville en ville, de synagogue en synagogue, réveiller au cœur des hommes de Judée l'écho des antiques promesses faites à leurs pères et de la vieille foi en laquelle ceux-ci avaient cru. Elle ne connut plus de bornes quand Jésus fut accueilli avec joie dans Jérusalem attentive à ses paroles. Là, entouré de leurs embûches et sentant le souffle de leur haine, le Fils de Dieu apostropha amèrement les Pharisiens :

« Malheur à vous, scribes et pharisiens hypocrites ! parce que vous ressemblez à des sépulcres blanchis, qui paraissent beaux au dehors, et qui, au dedans, sont pleins d'ossements de morts et de toute espèce d'impure-

---

29. MATTHIEU, XV, 1 à 9.

tés. Vous, de même, au dehors vous paraissez justes aux hommes, mais, au dedans vous êtes pleins d'hypocrisie et d'iniquité. Malheur à vous, scribes et pharisiens hypocrites !... Vous témoignez contre vous-mêmes que vous êtes les fils de ceux qui ont tué les prophètes. Comblez donc la mesure de vos pères ! serpents, race de vipères ! Comment échapperez-vous au châtiment de la géhenne ? C'est pourquoi, voici : je vous envoie des prophètes, des sages et des scribes. Vous tuerez et vous crucifierez les uns, vous battrez de verges les autres dans vos synagogues, et vous les persécuterez de ville en ville, afin que retombe sur vous tout le sang innocent répandu sur la terre, depuis le sang d'Abel le juste jusqu'au sang de Zacharie, fils de Barachie, que vous avez tué entre le temple et l'autel. Je vous le dis en vérité : tout cela retombera sur ce peuple. Jérusalem ! Jérusalem ! toi qui tues les prophètes et qui lapides ceux qui te sont envoyés, combien de fois ai-je voulu rassembler tes enfants, comme une poule rassemble ses poussins sous ses ailes, et vous ne l'avez pas voulu ! Voici, votre maison sera rendue déserte[30]... ».

L'avertissement que les temps sont venus, que la patience divine est lasse des crimes d'Israël, que Dieu va retirer sa main de celui-ci, lui enlever sa Mission et la partager entre les nations, Jésus la formule également, en de poignantes paroles, où il annonce le Déicide et le châtiment des Juifs :

« Écoutez une autre parabole. Il y avait un homme, maître de maison, qui planta une vigne. Il l'entoura d'une haie, y creusa un pressoir et bâtit une tour, puis, il l'afferma à des vignerons et quitta le pays. Lorsque le temps de la récolte fut arrivé, il envoya ses serviteurs vers les vignerons pour recevoir le produit de sa vigne. Les vi-

---

30. Matthieu, XXIII, 27 à 39

gnerons, s'étant saisis de ses serviteurs, battirent l'un, tuèrent l'autre et lapidèrent le troisième. Il envoya encore d'autres serviteurs, en plus grand nombre que les premiers, et les vignerons les traitèrent de la même manière. Enfin, il envoya vers eux son fils en disant : *Ils auront du respect pour mon fils*. Mais, quand les vignerons virent le fils, ils dirent entre eux : Voici l'héritier ; venez, tuons-le et emparons-nous de son héritage. Et ils se saisirent de lui, le jetèrent hors de la vigne et le tuèrent. Maintenant, lorsque le maître de la vigne viendra, que fera-t-il à ces vignerons ?

« Ils lui répondirent : Il fera périr ces misérables, et il affermera la vigne à d'autres vignerons, qui lui en donneront le produit au temps de la récolte.

« Jésus leur dit : N'avez-vous jamais lu dans les Écritures : « La pierre qu'ont rejetée ceux qui bâtissaient est devenue la principale de l'angle... C'est pourquoi je vous le dis, le royaume de Dieu vous sera enlevé et sera donné à un peuple qui en rendra les fruits. Celui qui tombera sur cette pierre s'y brisera et celui sur qui elle tombera sera écrasé[31] ».

Et l'Évangile ajoute :

« Ayant entendu cette parabole, les chefs des prêtres et les Pharisiens comprirent que c'était d'eux que Jésus parla, et ils cherchaient à se saisir de lui, mais ils craignaient la foule, parce qu'elle le tenait pour un prophète[32] ».

Hélas ! le jour vint où s'accomplit le crime que les Pharisiens méditaient depuis trois années, où le Juste fut amené lié devant le Sanhédrin composé de leurs chefs, où la tourbe juive, surexcitée par « les Chefs des prêtres et les Anciens », (c'est-à-dire par la Secte, dont les membres

---

31. MATTHIEU, XXII, 33 à 34.
32. MATTHIEU, XXII, 45 et 46.

monopolisaient ces fonctions), réclama de Pilate la liberté de Barabbas et le crucifiement du Christ.

Ces bras largement ouverts, que le Sauveur du Monde tendait à tous les pécheurs, les Pharisiens les clouèrent au bois de la Croix.

Et tandis qu'au pied du gibet divin sanglotaient les apôtres et les saintes femmes, les Juifs déicides répétaient en ricanant la parole inexpiable :

« Que son sang retombe sur nous et sur nos enfants ! »

La pesée des âmes par St Michel
Psalterius 1225-35 psautier st. Louis et Blanche de Castille 169v arsenal

CHAPITRE IV

L'ORIGINE JUIVE
DES PERSÉCUTIONS ANTICHRÉTIENNES

LES Pharisiens croyaient avoir, par le supplice de Jésus, écarté le danger qui les préoccupait depuis trois ans ; aussi ne s'émurent-ils pas, au début, de la prédication des apôtres. Quand celle-ci commença à multiplier les conversions à Jérusalem, ils se contentèrent de faire amener Pierre et Jean dans l'enceinte du Sanhédrin, où on les menaça ; puis, après une seconde arrestation de tous les apôtres, ceux-ci furent battus de verges. Enfin, l'inquiétude accrut leur cruauté, et le diacre Étienne fût lapidé, après avoir rappelé à ses juges quelle chaîne de sang les unissait aux anciens persécuteurs d'Israël[33].

---

33. « Homme au cou raide, incirconcis de cœur et d'oreilles ! Vous vous opposez toujours au Saint-Esprit ! Ce que vos pères ont été, vous l'êtes aussi. Lequel des Prophètes vos pères n'ont-ils pas persécuté ? Ils ont tué ceux qui prédisaient la venue du Juste, que vous avez livré maintenant et dont vous avez été les meurtriers, vous qui avez reçu la loi d'après des commandements d'anges et qui ne l'avez point gardée !... » (ACTES, VII, 51 à 53).

Cependant, les disciples s'étaient partagé les provinces à évangéliser, et ils s'étaient répandus à travers l'Empire romain, allant de ville en ville et de synagogue en synagogue ; les conversions se multipliaient sur leurs pas. Bientôt, les Pharisiens ne purent plus douter que l'hégémonie exercée par leur secte sur le monde juif, et qu'elle aspirait à exercer sur tous les peuples, fût en péril. Ils résolurent d'engager une lutte à mort contre la doctrine du Christ et de traquer dans le monde entier ceux qui la propageaient. Pour y parvenir, les moyens d'action ne leur manquaient pas : la dispersion d'Israël à travers les nations était depuis longtemps un fait accompli et assurait au Sanhédrin, dans tous les pays, des correspondants, des agents et des exécuteurs fidèles. Or le Sanhédrin, (à l'exception de Gamaliel, qui penchait vers le Christianisme, et de quelques Sadducéens, d'ailleurs violemment antichrétiens) n'était composé que de Pharisiens.

Pour se faire une idée exacte de l'état du peuple juif, vers l'an 35 de notre ère, il faut se rappeler qu'aucun autre n'avait été, pendant des siècles, aussi dispersé que lui et n'avait aussi bien conservé le sentiment de son unité. Cette dispersion avait commencé dès le règne de Salomon, qui envoya jusqu'en Espagne (Tarsis) et jusqu'en Éthiopie (Ophir) des colonies d'Hébreux chargés de l'approvisionner en or, en ivoire et en bois précieux[34]. Puis, vint la captivité de Babylone, qui fit le vide dans les campagnes de Judée : tous les exilés eurent, il est vrai, la permission de revoir leur patrie après le triomphe de Cyrus, mais beaucoup n'en usèrent pas, et le livre d'Esther nous les montre répandus dans toutes les provinces soumises à l'empire Perse. Pendant ce temps, un grand nombre de fugitifs avaient gagné l'Égypte, pour échapper à la do-

---

34. I Rois, IX, 26 à 28 ; et X, 22.

L'ORIGINE JUIVE DES PERSÉCUTIONS ANTICHRÉTIENNES

mination Chaldéenne, et s'étaient établis à demeure sur l'antique terre des Pharaons. Le triomphe d'Alexandre favorisa encore la dispersion des Juifs, qui avaient, par leur prompte soumission, obtenu la faveur du conquérant macédonien : il en établit beaucoup à Alexandrie ; d'autres refluèrent vers la Grèce, d'autres accompagnèrent son armée, dans laquelle Quinte-Curce signale leur présence. A Rome, nous les trouvons, dès les derniers temps de la République, établis en grand nombre, suivant les armées romaines dans leurs conquêtes pour les fournir d'approvisionnements et lever les contributions de guerre, et assez puissants en même temps pour troubler le Forum de leurs menaces [35]. Bref rien ne parait plus justifié que ce passage des *Mémoires Historiques* de Strabon qui, écrivant précisément au début du Ier siècle de notre ère, observait : « Les Juifs sont répandus dans toutes les villes, et il serait difficile de trouver un seul lieu sur la terre qui ne les ait reçus et où ils ne soient puissamment établis [36] ».

---

35. Le proconsul Flaccus avait confisqué le tribut du « didrachme », que les Juifs expatriés payaient pour l'entretien du temple de Jérusalem. Il fut accusé devant le peuple par les Juifs de Rome et défendu par Cicéron. Le jour du procès, le Forum fut envahie par une foule de Juifs qui menacèrent et l'avocat et son client. Cicéron, s'adressant à l'accusateur, s'écria : « ... Ah ! je te comprends, Lélius : voilà pourquoi cette cause est plaidée près des degrés Auréliens ! C'est pour cela que tu fis choix de ce lieu et que tu t'entouras de cette tourbe ! Tu sais quelle est la multitude de ces Juifs, quelle est leur union et leur empire sur la foule des assemblées. Mais je baisserai le ton pour n'être entendu que des juges ; car te ne saurais ignorer qu'au milieu d'eux se tiennent leurs meneurs, toujours prêts à les diriger ou contre ma personne ou contre l'élite des citoyens ; ne pense donc pas que je me prête à leur faciliter cette besogne ». (CICÉRON, *Pro Flacco*, XVIII).
36. Cité par Flavius Josephe ; *Antiquités Judaïques*, XIV, 2 ; et *Guerre des juifs*, I, 6.

Puissants établissements, en effet, que ceux des Juifs, qui formaient parfois, comme à Alexandrie, le tiers de la population, et qui avaient presque partout obtenu le droit :

1. D'habiter un quartier spécial (les ghettos, sur lesquels on a tant gémi, viennent de là, et furent à l'origine un privilège) ;
2. d'être déchargés de certains impôts ;
3. d'être administrés et jugés par des magistrats de leur nation, qu'ils 'élisaient librement eux-mêmes. Chacune de ces colonies juives, dont le monde était couvert au temps de Jésus-Christ et de ses premiers apôtres, formait une espèce de république, dont la synagogue était le centre religieux et administratif. Mais cette synagogue locale n'était que le reflet du lieu sacré sur lequel restaient fixés les regards des Juifs expatriés, de ce temple de Jérusalem où était valable le sacrifice offert à Jéhovah, sacrifice interdit en tout autre ville. Aussi, des contributions étaient-elles perçues chaque année dans toutes les colonies pour l'entretien du temple, et envoyées à Jérusalem : le paiement, dans ce but, de deux drachmes pat tête était un tribut que les Juifs consentaient volontiers, parce qu'il affirmait la persistance de leur nationalité en même temps qu'il satisfaisait leur sentiment religieux[37].

Grâce à l'organisation que nous venons de décrire, le peuple Juif offrait, en l'an 35 de notre ère, l'aspect contradictoire d'une extrême dispersion et d'une unité politique et religieuse absolue. Des centaines et des centaines de villes romaines, asiatiques, ou même barbares,

---

37. La drachme, monnaie grecque, valait 0.70. Cet impôt des deux drachmes est celui qui est réclamé à Jésus à son entrée à Capernaum (MATTHIEU, XVII, 24 à 27).

L'ORIGINE JUIVE DES PERSÉCUTIONS ANTICHRÉTIENNES

recelaient dans leurs ghettos les trois quarts de la population de l'ancien royaume de Juda ; mais le Sanhédrin et le temple de Jérusalem gardaient, pour ces exilés, autant de prestige et d'autorité que pour leurs frères demeurés en Palestine. Payant au temple le même impôt, s'unissant par la pensée aux mêmes sacrifices, ils étaient pour le Sanhédrin des sujets avec lesquels on communiquait plus difficilement qu'avec les autres, mais auxquels on ne laissait pas d'envoyer fréquemment des messagers. Si l'on songe que le Sanhédrin était alors, et depuis longtemps, aux mains de la secte pharisienne, on comprend que cette dernière avait le pouvoir, par un avis envoyé au nom du Conseil Suprême de la nation juive, de soulever coutre les Chrétiens l'hostilité de cet immense réseau de colonies hébraïques qui enveloppait le monde. C'est ce qui eut lieu dès que l'extension rapide du Christianisme fut un fait évident, c'est-à-dire en l'an 35.

Ce point si important ne saurait être révoqué en doute quand on l'examine à la lumière des textes irréfutables que nous fournissent les Pères de l'Église, dépositaires de la tradition chrétienne des premiers siècles.

Voici le témoignage formel de Saint Justin le Philosophe, un des plus illustres martyrs du IIe siècle, qui, parlant de faits notoires dans d'Église, et que ne contestait point son adversaire, disait dans son *Dialogue avec le Juif Tryphon* (qui paraît être le rabbin Tarphon, célèbre dans les livres de Kabbale) : « Dans les outrages que l'on fait à Jésus-Christ et à nous, les autres nations sont moins coupables que vous, Juifs. *C'est vous qui êtes les auteurs de leurs préjugés à notre égard, de la mauvaise opinion qu'elles ont de nous et de ce Juste.* Vous, en effet, après l'avoir crucifié, après avoir connu avec certitude sa résurrection et son ascension dans le Ciel, non seulement vous n'avez pas fait pénitence, mais, à ce moment là même, vous avez expédié dans le monde entier des émissaires choisis avec soin. Ces émissaires ont raconté partout comment avait pris naissance une secte impie, dite des Chrétiens, et ont répandu contre nous ces choses, qui, de fait, sont encore répétées aujourd'hui contre nous par tous ceux qui ne nous connaissent pas » (paragraphe XVII).

Au paragraphe CVIII, Saint Justin le Philosophe revient sur cette accusation et la précise encore : « Comme je vous l'ai déjà dit, vous avez choisi des hommes capables de réaliser votre dessein, vous les avez expédiés dans tous les pays et vous avez fait savoir à tous, par leur moyen, qu'un certain Jésus, de Galilée, avait fondé une secte illégale et impie... Et vous avez ajouté que Jésus-Christ avait appris à ses disciples à commettre tous ces crimes abominables que, maintenant encore, vous-mêmes allez répétant à toutes sortes de personnes, affirmant qu'ils sont habituels à ceux qui regardent Jésus comme le Messie, le Maître, le fils de Dieu... Pour nous, cependant, nous n'avons de haine ni contre vous, ni contre ceux qui ont reçu de vous cette mauvaise opinion dans laquelle ils nous tiennent. Et même nous prions pour que Dieu accorde à eux et à vous sa miséricorde ».

Quels étaient ces « crimes abominables », dont les envoyés du Sanhédrin de Jérusalem vinrent charger les Chrétiens auprès des colonies juives éparses dans le monde et auprès des peuples qui les entouraient ? Il suffit de feuilleter les écrivains païens du temps pour s'en rendre compte. « Les Chrétiens, disent-ils, ont un culte secret et infâme ; ils adorent une tête d'âne, et se partagent, dans leur repas sacré, le corps d'un enfant recouvert de pâte (déformation du culte de l'Eucharistie) ; ils pratiquent l'inceste et toute espèce de crimes ; enfin, ce sont des séditieux, ennemis de toute société et qui refusent l'obéissance à César.» On sait combien, trois siècles durant, ces accusations entraînèrent de massacres, et combien de martyrs Chrétiens moururent dans les tourments, sous les huées de la foule surexcitée par de telles calomnies. Il n'est pas inutile de montrer d'où ces calomnies venaient, et que la même main qui avait crucifié le Maître martyrisait encore les disciples.

Identique à celui de Saint Justin est le témoignage de Tertullien, qui applique aux Juifs la parole de l'Écriture : « C'est par votre faute que le nom du Seigneur est blasphémé parmi les nations », et qui ajoute : « En effet, c'est par les Juifs qu'a commencé cet état d'infamie auquel nous sommes présentement réduits[38] ». Ailleurs, il rapporte les outrages dont les Chrétiens, de son temps encore, sont abreuvés par les Juifs, à Carthage : « Et la populace » dit-il, « croyait le Juif ; car quelle autre race y a-t-il au monde qui déverse sur nous l'infamie comme la race juive[39] ? ». Enfin, au chapitre X du *Scorpiaque*, il trouve cette admirable expression qui résume la vérité historique sous une forme saisissante : « Les synagogues des Juifs sont les sources de nos persécutions. *Synagogœ Judœorum fontes persecutionem* ».

Origène, de son côté, rapporte : « Celse a voulu, par son livre, inspirer à ses lecteurs, qui ne nous connaissent pas, la volonté de nous combattre comme des blasphémateurs de Dieu. En cela, *il ressemble aux juifs* : Ceux-ci, dès le début de la religion des Chrétiens, répandirent des calomnies contre eux. Ils sacrifient un enfant, disaient-ils ; ils se repaissent de sa chair, et, voulant faire leurs œuvres de ténèbres, ils éteignent toutes les lumières

---

38. *Contre Martion*, III, 23.
39. *Livre aux Gentils*, I, 14..

dans leurs assemblées et chacun d'eux s'unit au premier qu'il rencontre. Ces calomnies, quelque absurdes qu'elles soient, ont pris beaucoup d'autorité contre nous auprès de bien des gens[40] ».

Eusèbe Pamphile dit, d'autre part, dans ses *Commentaires sur Isaïe* : « Nous trouvons dans les écrits de nos anciens que les prêtres et les anciens de la nation juive, à Jérusalem, adressèrent partout des lettres à tous les Juifs, leur prescrivant d'accuser la doctrine de Jésus-Christ comme nouvelle et ennemie de Dieu et leur enjoignait de ne pas la recevoir... Ces apôtres des Juifs, chargés de ces lettres, franchissant la mer et sillonnant la terre, répandirent partout l'infamie sur notre Sauveur par leurs calomnies ».

Vingt autres textes de la même époque, rapportant les mêmes faits, pourraient être cités. Nous nous contenterons du résumé qu'en donne Mosheim, dans son livre *De rebus Christianorum ante Constantinum magnum* (page 96 de l'édition de Helmstadt, 1753) : « Le Grand-Prêtre et les anciens de la nation juive envoyèrent dans toutes les provinces des émissaires pour exciter tous leurs concitoyens, non seulement à fuir et à détester les Chrétiens, mais même à leur faire subir toutes les vexations possibles et à les accuser devant les magistrats. Les Juifs de tout l'univers obéirent à ces ordres de leurs chefs et s'efforcèrent d'animer contre les Chrétiens les préfets, les juges et les foules, au moyen de diverses calomnies et de trames criminelles. Parmi ces calomnies, la principale était, et on la répète encore en ce moment, que les Chrétiens sont une secte dangereuse à l'État et ennemie de la Majesté impériale, puisqu'ils tiennent pour Dieu et pour Roi un malfaiteur nommé Jésus-Christ,

---

40. *Contre Celse*, VI, 27

crucifié pour de très justes motifs par Ponce Pilate. Cette conduite provoqua les plaintes des premiers chrétiens contre la haine et la cruauté des Juifs, qu'ils trouvaient plus lourdes et plus dangereuses pour eux que celles des païens eux-mêmes.

Le type de ces «apôtres du Sanhédrin», missionnaires envoyés avec des lettres d'introduction pour soulever les peuples contre le Christianisme, n'est-ce pas Saul de Tarse, ce jeune lettré pharisien, aux pieds duquel ceux qui lapidaient Saint Étienne avaient déposé leurs vêtements, et qui, plus tard, miraculeusement converti sur la route de Damas, deviendra Saint Paul? «Il ravageait l'Église», disent les *Actes*, «pénétrant dans les maisons, il en arrachait hommes et femmes et les faisait jeter en prison... Respirant la menace et le meurtre contre les disciples du Seigneur, il se rendit chez le Grand Prêtre, et lui demanda des lettres pour les synagogues de Damas, afin que, s'il s'y trouvait des partisans de la doctrine de Jésus, hommes ou femmes, il les amenât liés à Jérusalem».

Plus tard, Saul de Tarse, devenu Saint Paul, sera en butte, comme les autres apôtres, aux persécutions incessantes des Juifs qui comploteront sa mort. Et les *Actes* répéteront à son sujet :

«Presque toute la ville se rassembla pour entendre la parole de Dieu. Les Juifs, voyant la multitude, furent remplis de jalousie, et ils s'opposaient à ce que disait Paul en le contredisant et en l'injuriant... Ils excitèrent les femmes dévotes de condition et les principaux de la ville ; ils provoquèrent une persécution contre Paul et Barnabas et ils les chassèrent de leur territoire[41] »).

Et après les miracles de Saint Paul, à Lystre :

---

41. ACTES, XIII, 44 à 50

« Alors survinrent d'Antioche et d'Iconium des Juifs qui gagnèrent la foule, et qui, après avoir lapidé Paul, le traînèrent hors de la ville, pensant qu'il était mort[42] ».

Lors de sa prédication à Thessalonique :

« ... Mais les Juifs prirent avec eux quelques méchants hommes de la populace, provoquèrent des attroupements et répandirent l'agitation dans la ville... Ils traînèrent quelques frères devant les magistrats de la ville en disant : Ces hommes qui ont bouleversé le monde sont aussi venus ici et Jason les a reçus. Ils agissent tous contre les édits de César, disant qu'il y a un autre roi, Jésus. Par ces paroles, ils émurent la foule et les magistrats[43]... ».

Saint Paul se plaindra amèrement, plus tard, aux anciens de l'Église d'Éphèse, de cet acharnement des Juifs, dont les apôtres souffraient aussi. De retour à Jérusalem, il verra le Sanhédrin soulever la foule contre lui, et ne sera sauvé que par son titre de citoyen romain, qui obligera le gouvernement à protéger sa vie ; ces tentatives d'assassinat se multiplieront ensuite pendant sa captivité.

Enfin, en 64, les Juifs, fanatisés par la secte pharisienne, croiront l'heure du triomphe venue : un monstre règne à Rome, et ce monstre, Néron, vient de lancer contre les Chrétiens un ordre de persécution qui les condamne tous à la mort dans les supplices. On s'est parfois demandé pourquoi Saint Clément d'Alexandrie, parlant de cette persécution, l'attribue formellement à la haine des Juifs. Cette allégation est cependant facile à expliquer. L'incendie de Rome, qui servit de prétexte à Néron pour déchaîner ses bourreaux, avait commencé dans les boutiques du Cirque, qui appartenaient à des marchands juifs ; ce fut donc la population juive que menaça tout

---

42. ACTES, XIV, 19 et 20.
43. ACTES, XVII, 5 à 9.

d'abord la proscription. Mais les Juifs avaient dans le palais impérial de puissantes protections, et Poppée, la favorite de Néron, était une prosélyte juive. Non seulement elle vint à bout de persuader à César d'épargner les Juifs, mais elle fit retomber sur les Chrétiens la persécution qui les menaçait ; et la colonie juive de Rome put s'enivrer, pendant trois ans, du spectacle de milliers de serviteurs du Christ mourant sous la dent des fauves ou transformés en torches ardentes. En Juin 67, les Juifs eurent une joie longtemps désirée : le martyre de Saint Pierre et de Saint Paul[44].

---

44. Ces persécutions déchaînées par les Juifs établirent de bonne heure, dans la primitive Église, cette doctrine que les Juifs, en cessant d'être le peuple de Dieu, sont devenus le peuple du Démon. On la trouve exprimé dans la *Didascalie* ; ou Enseignement catholique des XII apôtres et des disciples du Seigneur, composée à l'occasion du Concile de Jérusalem. L'original grec de la *Didascalie* était perdu, et on n'en possédait qu'une traduction syriaque, quand Hauler découvrit dans un palimpseste de Vérone des fragments considérables d'une ancienne traduction latine, d'ailleurs assez barbare. En voici une traduction littérale : « Parce qu'il a abandonné son peuple et déserté son Temple désolé, déchirant son voile et enlevant son Esprit Saint pour le faire descendre sur ceux qui ont cru d'entre les Gentils (ainsi qu'il l'a dit par Joël : je répandrai de mon esprit sur toute chair), il a fait disparaître, en effet, de ce peuple son Esprit Saint, la vertu de son Verbe et tout sacerdoce et les a reportés sur son Église. Et de même, Satan le tentateur a quitté ce peuple pour s'attaquer à l'Église, et désormais Satan ne tentera plus ce peuple, parce que, par ses œuvres mauvaises, il est tombé entre ses mains, prêt lui aussi à tenter l'Église et à susciter contre elle les afflictions, les persécutions, les blasphèmes, les hérésies et les schismes. Ces dernières paroles sont prophétiques. L'Église du Ier siècle n'avait encore eu, en effet, aucune hérésie ; or, celles qui survinrent plus tard furent presque toutes dues aux intrigues perfides des Juifs.

Dosso Dossi, *L'archange Saint Michel terrassant le Démon*, 1523
(Galleria Nazionale, Parme)

CHAPITRE V

Le Sanhédrin restauré et le Talmud

C'est en l'an 70, au lendemain de cette persécution, que descendirent sur Jérusalem les châtiments annoncés par le Christ. Si maîtres qu'ils fussent du Sanhédrin et de l'opinion juive, les Pharisiens ne pouvaient empêcher la multiplication des sectes, principalement dans les classes inférieures, et il s'en était formé qui revendiquaient l'indépendance immédiate de la nation. Une sédition qui éclata contre les Romains fut victorieuse, et le gouverneur de Jérusalem y périt ; le proconsul de Syrie, accouru, fut vaincu à son tour et perdit une aigle. Cette révolte amena l'envoi contre les Juifs de Vespasien et de son fils Titus, avec une armée considérable. Titus assiégea Jérusalem au temps de la Pâque, où une grande partie de la nation se trouvait rassemblée dans la ville sainte pour les sacrifices annuels. Il s'en empara après un siège pénible, plein d'épisodes atroces, qui coûta la ville à 600.000 Juifs de tout âge et de tout sexe, c'est-à-dire au tiers de la population de la Judée. Puis, il fit incendier la ville et abattre le Temple, dont il ne resta pas pierre sur pierre, selon la prédiction de Jésus. Tous les assiégés qui ne périrent point pendant le siège furent vendus à l'encan comme esclaves ; leurs compatriotes de Judée et des autres provinces de l'Empire les rachetèrent promptement, il est vrai, mais la dispersion du peuple se trouva encore accrue.

Les Pharisiens n'avaient joué qu'un rôle effacé dans cette révolte, qu'ils jugeaient prématurée. Ils visèrent surtout à profiter de ses conséquences pour accroître leur influence sur les colonies juives, et y réussirent sans peine, car les Romains, ayant vaincu la révolte ouverte et détruit Jérusalem, se souciaient peu d'une secte à peine connue d'eux, en correspondance avec les débris d'une nation éparse en tant de lieux. Les Pharisiens purent donc se constituer les héritiers du pouvoir régulier d'Israël, dont ils étaient depuis si longtemps les inspirateurs. Les colonies juives, qui avaient appris avec consternation la ruine de la ville sainte, la destruction du Temple, le massacre d'une grande partie de la population et l'abolition du Sanhédrin, surent bientôt que ce dernier était réorganisé à Japhné, près du littoral de la Méditerranée, et qu'à défaut du Sacrifice, qu'on ne pouvait plus célébrer dans le Temple détruit, du Grand Prêtre et de l'organisation sacerdotale disparus dans le désastre, une Académie conservait les traditions d'Israël et un Patriarche gouvernait le peuple. Ce Patriarche, ce Sanhédrin, cette Académie, qui allaient devenir le centre politique et religieux du peuple Juif, c'étaient le Chef, le Conseil et les Docteurs de la secte pharisienne, restée seule groupée au milieu des corps de l'État en dissolution. Un tour de passe-passe livrait à une société secrète le gouvernement d'Israël ; mais l'abaissement soudain de la nation faisait considérer à celle-ci comme un bienfait cette usurpation, qui, du moins, laissait aux Juifs l'apparence d'un gouvernement[45].

Le Patriarche et le Sanhédrin pharisiens mirent une trentaine d'années à faire reconnaître et à affermir leur autorité. Peu connus des Romains, qui croyaient morte toute organisation gouvernementale d'Israël, ils ne laissaient pas d'envoyer des messagers aux colonies juives et de percevoir l'impôt du didrachme, qu'on leur payait

---

45. Le rôle considérable que nous assignons aux Pharisiens dans l'évolution politique et religieuse d'Israël a été, jusqu'ici, à peine soupçonné des écrivains chrétiens ; mais il est, au contraire, parfaitement connu des historiens Rabbiniques, qui font gloire à cette secte de la survivance et de l'unité d'Israël. Tout atteste, dans leurs écrits, que les Pharisiens possédaient, avant l'ère chrétienne, une organisation et une hiérarchie intérieure distinctes des pouvoirs constitués de la nation. Cette organisation eut-elle d'abord pour centre Babylone, où beaucoup des Juifs étaient restés établis après la Captivité ? C'est possible. En tout cas, c'est de Babylone, d'après le Talmud, que vint Hillel, le premier Patriarche reconnu par la secte, qui s'établit à Jérusalem en l'an 30 avant Jésus-Christ, sous le règne d'Hérode le Grand, et qui mourut l'an 13 de notre ère après avoir formé un grand nombre de disciples. Son fils, Siméon, lui succéda ; mais le rabbin David Ganz, dans sa *Chronologie*, avoue que l'on ne sait presque rien de son Patriarcat. Le successeur de Siméon fut rabbi Jochanan, qui vivait au temps de la prise de Jérusalem et l'Académie pharisienne de Japhné ; il reconstitua le Sanhédrin dans cette ville et le fit reconnaître par les synagogues du monde entier. La puissance pharisienne absorbait ainsi l'État Juif. Jochanan mourut en l'an 76 et fut remplacé par Gamaliel, dit de Japhné, dont David Ganz rapporte que l'autorité fut très grande sur les Juifs de tout l'Univers et que les rois étrangers reconnaissaient sa juridiction sur les Juifs de leurs États. Pour l'histoire de l'académie de Japhné, voir Lightfoot : *Academiæ Jafnensis Historia*.

assez généralement, bien que les empereurs, au lendemain de la ruine du Temple, en eussent exigé le versement au profit du Trésor. En même temps, la Kabbale pharisienne, avec ses fables et ses superstitions, avec ses déformations relatives à la transmigration des âmes, au caractère humain du Messie, à la haine contre les non-juifs et surtout contre les Chrétiens, achevait de pénétrer les plus lointaines colonies hébraïques [46]. Des émissaires mystérieux parcouraient le monde juif, annonçant la venue des temps messianiques, comme ce rabbin Akiba ben Joseph, qui prétendait descendre de Sisara, le général cananéen tué par Jaël au temps des Juges, et d'une mère juive. Parti de Japhné, Akiba visita l'Espagne, les Gaules, l'Italie, s'arrêta longtemps à Rome, puis alla en Grèce et, de là, en Asie Mineure et en Babylonie ; il visita enfin l'Égypte. Ayant passé ainsi la revue des forces juives, il rentra en Palestine, où il dirigea le Sanhédrin et l'Académie pharisienne avec tant de succès qu'on le regarde comme l'un des pères de la tradition talmudique, l'autre

---

46. Cette adhésion progressive des Juifs à la tradition pharisienne fut, cependant, pas unanime. Ceux qui, sans être devenus Chrétiens étaient choqués de la contradiction entre la loi de Moise et la Kabbale, finirent par se grouper pour résister à cette innovation. Ils prirent le nom de Caraïtes, c'est-à-dire attachés à la loi écrite (*Cara*). Peu nombreux au début, ils augmentèrent en nombre à mesure que le joug pharisien se fit sentir davantage, et ils formaient une secte puissante en l'an 600 de notre ère, c'est-à-dire quand les Pharisiens achevèrent la rédaction du Talmud. En 775, Ammus, frère du prince de la Captivité, à Babylone, se déclara pour eux et fortifia beaucoup leur parti, qui a, par contre, constamment décliné après le XIIIe siècle. Aujourd'hui, les Caraïtes ne sont plus que quelques milliers répartis entre la Russie, la Pologne autrichienne et l'empire turc. La haine qu'ils ont pour les Juifs Talmudistes, qui les ont fort persécutés, est bien connue. N'ayant pour Code religieux que la Bible, ils sont assez favorablement disposés pour les Chrétiens, et leur honnêteté ne donne prise à aucune plainte.

étant ce rabbin Samuel le Petit., qui vers le même temps, composa la malédiction solennelle contre les Chrétiens, laquelle a toujours été depuis pieusement récitée chaque jour dans les prières de la Synagogue.

Bientôt, l'agitation des Juifs annonça que le travail de résurrection de leur nationalité se poursuivait. Une insurrection partielle de la Judée, en l'an 115, ne fut domptée qu'avec peine par les généraux de Trajan, et eut des répercussions en Égypte et dans la Cyrénaïque, où les Juifs en armes massacrèrent, au témoignage de Dion Cassius, 200.000 Chrétiens ou païens, et ne purent être vaincus qu'après trois années de guerre. En même temps, les Juifs de Chypre s'emparaient de l'île, ruinaient la ville de Salamine et égorgeaient 240.000 chypriotes, pour la plupart Chrétiens ; ceux de Mésopotamie tenaient en échec, pendant plusieurs mois, les armées romaines ; des troubles moins graves se produisaient en divers autres lieux.

Cette agitation n'était que le prélude d'une insurrection plus redoutable encore. En 134, Akiba ben Joseph oignit, comme roi d'Israël, un nommé Barcochébas (le Fils de l'Étoile) dans lequel il prétendait reconnaître les signes annonciateurs du Messie. L'imposteur fut rapidement entouré d'une armée de 200.000 Juifs, dont beaucoup venus de l'étranger ; il remporta une série de succès sur les Romains de Tinnius Rufus, gouverneur de Judée, et profita de sa domination momentanée pour exercer, dans les régions qui lui étaient soumises, d'effroyables cruautés contre les Chrétiens[47]. Mais Adrien lui ayant opposé son meilleur général, Julius Sévérus, qu'il rap-

---

47. Voir la *Chronique* d'Eusèbe, 17me année du règne d'Adrien, et également Saint Justin le Philosophe. Les historiens juifs modernes, Graetz tout le premier, se gardent bien de signaler ces faits. Basnage, favorable aux juifs, n'y fait qu'une légère allusion.

pela de Grande Bretagne, Barcochébas succomba après deux années de lutte. Il tomba avec Akiba, et le fils de celui-ci, Papus, entre les mains de Julius Sévérus, qui les fit écorcher vifs. Jérusalem, qui n'avait pas été le centre de la résistance, fut prise une seconde fois ; on fit passer la charrue sur le lieu où avait été le Temple et on y sema du sel ; enfin la Judée fut presque entièrement dépeuplée de Juifs, ceux qui n'avaient pas péri ayant été vendus comme esclaves ou transportés en Égypte.

Ce désastre était un coup terrible pour les espérances pharisiennes. Le Sanhédrin de Japhné était dispersé et décimé comme l'avait été celui de Jérusalem, et la terreur pesait sur Israël. Mais la secte pharisienne avait la vie dure. A peine les pas des armées romaines avaient-ils cessé de retentir en Judée, que le Sanhédrin pharisien se reconstituait à Tibériade, où fut transférée également l'Académie de Japhné ; et, en arrivant en Égypte, l'empereur Adrien y trouva trace de la visite du Patriarche des Juifs (qui était alors Siméon III), venu pour inspecter les Synagogues de ce pays. Cette fois encore les Romains dédaignèrent de faire rechercher cette autorité mystérieuse, qui ne disparaissait que pour renaître de ses cendres, et dont le prestige restait intact sur les colonies juives. Ne la considérant pas comme un danger, ils devaient même, plus tard, arriver à lui reconnaître une existence officielle, analogue à celle des pontifes d'un culte ordinaire.

On ne sait point de façon certaine le temps de cette reconnaissance, et sans doute les Patriarches de Tibériade procédèrent-ils par tentatives prudentes ; mais il semble bien qu'on doive prendre en sérieuse considération la tradition rabbinique qui veut que l'empereur Antonin, après avoir été hostile aux Juifs, leur soit devenu très favorable[48]. En tout cas, à partir d'Alexandre Sévère (en 252), empereur syrien, et demi-juif par sa mère Mammæa, l'existence du Patriarche de Tibériade, et son autorité sur tous les Juifs, sont reconnues par les édits impériaux. Constantin, quoique chrétien, ne songea pas à abolir cette dignité, et consentit même à exempter les Patriarches juifs de certaines charges, telles que celle de « décurion », peu enviée parce que absorbante et onéreuse[49]. Julien, qui persécuta si âprement le Christianisme, et qui avait été initié à la Kabbale par Maxime d'Éphèse, donne au Patriarche des Juifs le nom de *Frère* dans son message au peuple juif ; et c'est à la prière du Patriarche qu'il ordonna de reconstruire le Temple de Jérusalem, travail qu'un miracle rendit impossible[50]. Théodose le Grand, empereur d'Orient, interdit, par contre, au patriarche de Tibériade de lever l'impôt du didrachme sur les synagogues. Cet édit fut confirmé par son fils Honorius, en 390 ; mais, cinq ans plus tard, le Patriarche obtint que cette défense fut levée. Enfin, Théodose le Jeune après avoir restreint le pouvoir des Patriarches en 415[51] abolit entièrement le Patriarcat en 429, dans des circonstances sur

---

48. David Ganz rapporte que les Juifs gardèrent un souvenir agréable d'Antonin, non seulement « parce qu'ils vécurent heureux sous son empire et sous celui de ses deux successeurs Marc-Aurèle et Commode, pendant qu'ils persécutaient les Chrétiens, mais encore « parce qu'il avait reçu la *Circoncision* ».
49. Voir *Code Théodosien*, livre 16. titre 8
50. Voir le récit de ce miracle, et notamment des globes de feu qui consumèrent les ouvriers, non seulement dans les auteurs chrétiens, Socrate, Théodoret et Sozomène, mais aussi dans l'historien païen Ammien Marcellin, que ses fonctions auprès de Julien rendent peu suspect. Le fait est d'ailleurs reconnu par rabbi Guedalia, dans son traité *Schalschelet ha kabbalah*. Voir également la lettre de Saint Cyrille de Jérusalem à Constantin le jeune..
51. *Code Théodosien*. Loi XXII, *de Judæis*.

lesquelles nous reviendrons. Comme on le voit, la secte pharisienne avait pleinement atteint son but, qui était : d'abord de reconstituer aux Juifs une espèce de patrie spirituelle, dont elle était le gouvernement ; ensuite de faire reconnaître l'existence de ce gouvernement juif par la puissance impériale.

Les mots de «gouvernement juif» ne paraîtront pas trop forts quand on saura que les écrits impériaux qui parlent du Patriarche de Tibériade lui donnent les titres d'*Ilustris* et de *Clarissimus*, réservés aux grands dignitaires de l'époque. Ses attributions apparaissent aussi importantes que celles du Grand Prêtre avant la chute du Temple. Il a, en effet, le contrôle des synagogues du monde entier ; il lève sur elles l'impôt du didrachme ; il décide de toute question doctrinale, en prenant l'avis du Sanhédrin ; il nomme ou révoque les *Rosch Abot* ou Chefs des Pères qui gouvernent les Synagogues d'une même province ; il les surveille au moyen de ses «apôtres», ou officiers chargés de mission, qui parcourent continuellement l'Orient, l'Occident, l'Afrique romaine et l'Asie mineure, pour porter des ordres ou lever des contributions. Ses pouvoirs judiciaires sont importants : non seulement il a le droit de juger par lui-même ou par ses magistrats, les procès civils qui s'élèvent entre Juifs, mais encore il a une juridiction criminelle qui lui permet de condamner à l'amende, à la prison et à toute autre peine corporelle que celle de mort[52]. Enfin, tandis que la charge de

---

52. Origène dit incidemment que le Patriarche de Tibériade condamnait à la peine de mort, mais le fait parait contraire à toutes les lois romaines. Palladius, dans sa *Vie de Saint Chrysostome*, mentionne, il est vrai, les abus de pouvoir du Patriarche sur le peuple juif, mais seulement en matière financière. Dans son édit de 415, Théodose le Jeune interdit au Patriarche Gamaliel, alors régnant, d'étendre sa juridiction en appelant à son tribunal un Juif et un Chrétien en procès l'un contre

Le Sanhédrin restauré et le Talmud

Chef du Sanhédrin, subordonnée au Patriarcat, reste constamment élective, celle de Patriarche parait avoir été, de bonne heure, rendue héréditaire, comme pour revêtir d'un caractère royal cette première magistrature de la nation juive.

Cette puissance ne fut naturellement pas l'œuvre d'un jour, et les Patriarches se fortifièrent lentement entre la seconde destruction de Jérusalem, en l'an 135, et le règne d'Alexandre Sévère en 252. Cependant, Ils paraissent déjà solidement établis en 190, au commencement du Patriarcat de Judas le Saint, la plus grande figure de toute leur généalogie. Ce savant pharisien (né, disent les auteurs rabbiniques, le jour même où l'on conduisit Akiba au supplice, et en qui se réincarna l'âme de ce dernier) comprit qu'Israël devait renoncer pour longtemps, peut-être pour toujours, à reconquérir la Judée par la force des armes et à donner un centre national aux membres dispersés du peuple juif. Cette pensée lui fit craindre que la doctrine pharisienne, qui n'avait conquis qu'avec peine les colonies juives, ne put s'y maintenir si quelque persécution survenait, dissolvait le Sanhédrin pharisianisé, ou l'empêchait de rester en contact avec les Juifs épars dans le monde. Il résolut donc d'ajouter à la propagande verbale des «apôtres» du Sanhédrin, un monument écrit qui codifiât la doctrine secrète pharisienne et ses répercussions sur la loi morale, religieuse et civile de la nation. Judas le Saint jeta lui-même les bases de cette œuvre immense eu rédigeant la *Mischna*, ou «deuxième loi», qui est devenue la partie essentielle du Talmud de Jérusalem.

---

l'autre, ce qui prouve que cet abus avait dû se produire. Pour le punir de cette usurpation, Théodose dépouilla ce Gamaliel de diverses charges honorifiques dont il l'avait revêtu.

Cet ouvrage prolixe, confus, semé de contradictions et de digressions, synthétise assez bien la manière des docteurs juifs formés par le Pharaïsme. Il est divisé en six parties : la première traite des semences et récoltes, et à ce sujet des questions de propriété des dîmes, etc. ; la seconde a trait à l'observation des Fêtes et aux pratiques s'y rattachant ; la troisième concerne toutes les questions matrimoniales ; la quatrième traite des procès, du commerce, ainsi que de l'hérésie ; la cinquième et la sixième parties examinent les obligations et purifications. C'est tout à la fois un Code civil, un traité de religion ; un recueil de sentences et d'anecdotes, et un livre de morale — nous verrons plus loin de quelle morale !

Judas le Saint, qui consacra à l'écrire les trente années de son Patriarcat, et qui le répandit, traité par traité, dans les Synagogues, ne pouvait espérer y renfermer la solution de toutes les éventualités de la vie humaine, but vers lequel tendaient les docteurs pharisiens. Aussi, de son vivant et après sa mort, le Sanhédrin de Tibériade entreprit-il de compléter son œuvre, qui a trouvé un nombre infini de commentateurs. La réunion de la *Mischna* et de ses commentaires (dont le plus important de la *Ghemara*, due à rabbi Jochanan, rabbin du IVe siècle) forme le TALMUD DE JÉRUSALEM, dont la rédaction dura autant que la présence, à Tibériade, du Patriarche et du Sanhédrin, et qui fut reçu et accepté dans les Synagogues du monde entier, sans autre résistance que la défection de quelques milliers de mécontents, qui allèrent grossir le nombre des Juifs Caraïtes[(53)].

Cependant, la faveur dont avaient joui les Patriarches sous le règne des empereurs syriens était devenue fort incertaine depuis que le Christianisme était monté sur

---

53. Voir ci-dessus la note 46.

Le Sanhédrin restauré et le Talmud

le trône en la personne de Constantin ; et nous avons vu qu'après le règne de Julien l'Apostat, les empereurs ne s'occupèrent plus guère d'eux que pour restreindre leurs prérogatives. En 429, Théodore le Jeune se décida à déposer Gamaliel IV, lequel parait avoir continué, après sa déposition, à exercer obscurément la médecine en Judée[54] et abolit en même temps le Patriarcat. Il ne semble pas que cette mesure ait excité une grande confusion en Israël, et l'on comprend fort bien pourquoi. Le père de Gamaliel IV, Hillel III, avait, en effet, discrédité sa race auprès des Juifs en se convertissant in-extremis au Christianisme, qu'il avait beaucoup étudié pour le combattre[55] ; la déposition de son fils était donc presque aussi désirée par le Sanhédrin que par le pouvoir impérial. D'autre part, les édits précédents et l'affermissement des empereurs chrétiens laissaient peu d'espoir de pouvoir exercer en paix le gouvernement d'Israël si le siège en restait dans une province soumise à l'empire. Pour toutes ces raisons, le Sanhédrin tourna ses regards vers l'Orient, où les Juifs habitant l'empire des Perses Sassanides étaient alors en pleine prospérité, et il décida de se transporter à Babylone[56].

---

54. Sextus Empiricus lui adresse des éloges à ce sujet en son livre XXXIII.
55. Cet Hillel III connaissait Origène, qui correspondit avec lui. Saint Épiphane dit tenir de la bouche de Joseph, juif converti devenu évêque de Tibériade, qu'Hillel III le fit appeler et lui demanda le baptême au moment de mourir.
56. Babylone qui, aux temps génésiaques, fut le théâtre de la conjuration des fils de la Terre cherchant à conquérir le Ciel (curieuse préface au culte de l'Homme divinisé dont nous avons parlé), Babylone a toujours exercé une grande attraction sur les Juifs. C'est d'une ville de son territoire (Ur, en Chaldée) que vint leur ancêtre Abraham ; c'est à Babylone que furent emmenés captifs les habitants de Juda ; c'est la philosophie Babylonienne qui corrompit leur religion ; c'est de Babylone que vient, 30 ans avant le Christ, le premier patriarche pha-

Cet établissement à Babylone du gouvernement de la nation juive remonterait au II*e* siècle de notre ère, si nous en croyons quelques auteurs, et notamment M. l'abbé Chabeauty dans ouvrage *Les Juifs nos Maîtres*. Ils en citent pour preuve une phrase des *Conclusions de la Ghemara* (Talmud de Babylone) qui affirme que Judas le Saint reconnaissait, à la fin du II*e* siècle, la suzeraineté de Huna, Prince de la Captivité et chef de tout Israël, alors régnant à Babylone. Après un mûr examen de la question, et pour des raisons que nous jugeons décisives, nous croyons devoir écarter cette version [57]. Le Sanhédrin de Tibériade,

---

risien, Hillel le Vieux ; c'est à Babylone que se transporta le gouvernement secret du peuple juif, après l'édit de Théodose le jeune ; il y resta jusqu'en l'an 1005. Ajoutons qu'à partir de la Captivité le langage des Juifs avait cessé d'être l'hébreu classique devenu une langue savante. Il fut remplacé par l'araméen, dialecte syrio-chaldéen. C'est en langue araméenne qu'est écrit le *Talmud de Jérusalem* ; quant au *Talmud de Babylone*, il est écrit en Chaldéen pur. Signalons qu'il résulte d'une communication faite en août 1911, à l'Académie des Inscriptions et Belles Lettres, par M. Pognon, que les Juifs adoptèrent, après la Captivité, le calendrier babylonien, ainsi que le démontrent les papyrus découverts à Éléphantine..

57. La seule preuve de l'existence, avant le V*e* siècle, de « Princes de la Captivité » à Babylone, réside dans la phrase des *Conclusions de la Ghemara* que nous citons. Or, c'est la partie du TALMUD qui fournit le plus d'anachronismes, de fables et d'absurdités. Il est évident que le commentateur à qui l'on doit cette phrase a voulu flatter le « Prince de la Captivité » sous lequel il vivait en augmentant l'antiquité de sa race ; ne pouvant supprimer les « Patriarches de Judée » qui avaient existé avant elle, il les a transformés en vassaux. Au surplus, on ne sait rien des ancêtres de Huna, ni de ses descendants, et le premier « Prince de la Captivité » dont l'Histoire fasse mention, vit au V*e* siècle, après la déposition du Patriarche Gamaliel IV et la dissolution du Sanhédrin de Tibériade ; il apparaît en même temps que le Sanhédrin de Babylone, qui va reprendre la rédaction du TALMUD restée interrompue. Cela indique un simple changement de résidence, peut-être rendu plus la-

qui disparaît de l'Histoire en 429, après l'édit de Théodose, se trouva reconstitué à Babylone quelque vingt ans plus tard, avec la même composition, les mêmes attributions et la même autorité qu'auparavant ; son pouvoir fut de nouveau reconnu par les colonies juives ; et, au dessus de lui, régna un « Prince de la Captivité » héréditaire, qui se prétendait issu de la race royale de Juda comme les anciens Patriarches de Judée. Par cette apparente dissolution et ce transfert, le gouvernement de la nation juive avait seulement échappé à la surveillance des empereurs romains, qui furent désormais sans action sur lui.

L'Histoire du « Prince de la Captivité » et du Sanhédrin de Babylone nous est surtout connue par les annalistes juifs, qui la mélangent d'exagérations et de fables de toute espèce. La dynastie Sassanide, qui régnait alors sur les Perses, leur accorda d'abord sa protection et entoura leurs fonctions d'un certain éclat[58] ; mais sans

borieux par un changement de dynastie. Il semble bien qu'il n'y eut, depuis la chute du Temple, qu'un seul gouvernement juif, siégeant successivement à Japhné, à Tibériade et à Babylone et que nous croyons avoir été transporté plus tard à Constantinople, puis à Salonique. (Il va sans dire que nous n'attachons aucune autorité au *Sepher Olam Zuta*, livre fantaisiste qui donne la généalogie complète des « Princes de la Captivité » depuis l'époque de la prise de Jérusalem par Nebucadnetzar jusqu'au milieu du Ve siècle. L'auteur entasse des invraisemblances qui viennent renforcer notre thèse ; c'est ainsi qu'il indique comme père de Huna rabbi Nathan. l'auteur de *Massechett Avod*. Or ce rabbi Nathan, auteur du *Massechett Avod*, est bien connu : il fut le chef du Sanhédrin de Tibériade sous le patriarcat de Judas Je Saint au début du IIIe siècle. — Tout le reste est à l'avenant.)

58. La cérémonie de l'investiture est ainsi rapportée : Le nouveau Prince étant assis sur un trône, le chef du Sanhédrin « l'exhortait à ne pas abuser de son pouvoir et lui représentoit qu'il étoit plutôt appelé à l'esclavage qu'à l'Empire, à cause de la triste condition du peuple. Le jeudi suivant, les directeurs des Académies lui imposoient les mains dans la synagogue, au bruit des trompettes et des acclamations. Le peuple,

doute constata-t-elle que l'action du gouvernement juif lui était funeste, car elle finit par prendre contre lui des mesures violentes ; plusieurs « Princes de la Captivité » furent successivement mis à mort, le Sanhédrin dispersé

après l'avoir ramené chez lui en pompe, lui envoloit de gros présents. Le samedi matin, toutes les personnes considérables se rendoient chez lui ; il se mettoit à leur tête et sortait de sa maison le visage couvert d'un drap de soie ; il alloit dans cet équipage suivi de la multitude, jusqu'à la synagogue, où les chefs des Académies et les chantres entonnoient des cantiques de bénédiction autour de sa chaire. Là on lui apportoit le Livre de la Loi, dont il récitoit la première ligne ; ensuite, il parloit au peuple, ayant les yeux fermés par respect, et, à son défaut, le chef de l'Académie de *Syrie* faisoit le sermon. La cérémonie finissoit par des acclamations au Prince et par des prières à Dieu afin qu'il délivrât la Nation sous son règne. Il donnait la bénédiction au peuple et prioit en particulier pour chaque Province, afin que Dieu la garantit de peste ou de guerre. *Il finissoit par une oraison à basse voix, de peur que quelqu'un n'entendit et n'allat rapporter aux autres Princes qu'il souhaitoit leur ruine, parce qu'en effet le règne des Juifs ne peut s'élever que sur le débris des autres Monarchies.* En sortant de la Synagogue, on conduisoit pompeusement le Prince dans son Palais, où il faisoit un festin superbe aux principaux de la Nation. C'était là sa dernière sortie ; car après cela, il ne lui étoit plus permis de quitter sa maison, si ce n'étoit pour aller à l'Académie (et alors tout le monde se levoit et se tenoit debout jusqu'à ce qu' il eut prié de s'asseoir) ou pour aller rendre visite au Roi de Babylone, ce qui se faisoit après son installation, avec beaucoup de pompe. Le Roi, étant averti de son dessein, lui envoïoit son charriot. Le Chef de la Captivité n'osoit accepter cette offre ; mais faisoit marcher ce charriot devant lui, pour marquer son respect et sa dépendance. Il se revêtoit alors d'un drap d'or magnifique ; cinquante gardes marchoient devant lui ; tous ceux qu'il rencontroit sur sa route se faisoient une dévotion de le suivre jusqu'au palais du Roi. Là, les Eunuques le venoient recevoir et le conduisoient au trône, pendant qu'un de ses officiers qui marchoit devant lui, distribuoit de l'or et de l'argent. En approchant du Roi, il se prosternoit en terre pour marquer qu'il étoit son vassal et son sujet. Les Eunuques le relevoient pour le placer sur un siège à la gauche. Après les premiers compliments, le Prince exposait les plaintes et les affaires de sa Nation, que le Roi décidoit ». (*Histoire des Juifs* ; Paris, Louis Roulland, 1710).

Le Sanhédrin restauré et le Talmud

et les écoles juives fermées. Aussi les Juifs favorisèrent-ils de tout leur pouvoir la conquête Arabe, laquelle, en mettant fin à l'empire perse, permit leur relèvement.

Redevenus plus florissants que jamais, les « *nasi* » d'Israël subsistèrent sous le gouvernement des Kalifes jusqu'en l'an 1005 — époque où le Kalife Kader-Billah, pris des mêmes craintes que les anciens rois sassanides, fit pendre le « Prince de la Captivité » Ézéchias, et ruina la puissance juive dans ses états. Depuis lors, la dignité de Prince de la Captivité n'a pas été officiellement rétablie, ni le Sanhédrin rassemblé ; mais il y a tout lieu de croire que le peuple juif n'est pas resté privé d'un organisme central assurant la perpétuité de son unité nationale [59].

---

59. Après la dissolution du pouvoir juif, En l'an 1005, par l'ordre du Kalife Kader Billah, on ne trouve plus trace des « Princes de la Captivité ». Benjamen de Tudèle, le grand voyageur juif du XIIe siècle, prétend en avoir trouvé un régnant à Babylone, mais cette attestation est isolée, et il semble bien que ce rabbin n'ait pas visité tous les pays qu'il décrit. En admettant qu'il en existât encore un et que Benjamin de Tudèle l'ait réellement visité, son existence n'était-elle pas cachée aux Kalifes et connue, seulement d'initiés juifs, comme celle du Patriarche et du Sanhédrin de Japhné avaient été, au début, cachée aux Romains ?... Cela expliquerait tout, et surtout ce qui va suivre. En effet, divers documents révèlent la permanence, dans la suite des siècles, d'un pouvoir suprême de la nation juive, non plus apparent et partant facile à atteindre, comme il l'avait été dans le passé, mais au contraire soigneusement dissimulé, ne se révélant ni aux non-juifs, ni à la masse des colonies hébraïques, mais seulement aux dignitaires de l'ordre rabbinique, chefs des communautés d'Israël. (Un tel pouvoir, véritable Directoire Secret, pouvait parfaitement exercer son autorité sur le peuple juif en agissant sur un nombre restreint d'individualités dirigeantes, et nous avons en ce moment en Turquie, avec le « Comité Union et Progrès », un exemple des résultats que l'on peut atteindre dans cet ordre d'idée).

Les documents auxquels nous faisons allusion sont :

1° *La Royale Couronne des Rois d'Arles*, publiée à Avignon, en 1640, par J. Bouis, prêtre. Dans cet ouvrage se trouvent la reproduction de deux lettres, déjà vieilles alors d'un siècle et demi, copiées dans les archives d'une abbaye provençale. L'une de ces lettres est adressée, le 9 de Sabath 1489, par le rabbin Chamor, chef de la communauté juive d'Arles à la communauté juive de Constantinople. Il informe celle-ci que le roi de France, nouveau souverain, de la Provence veut contraindre les Juifs à se convertir ou à s'expatrier, et il demande quelle conduite doit être observée. La seconde lettre est datée du 21 de Kasleu de la même année. Elle contient la réponse des « grands satrapes et rabbins de la nation juive » et elle est signée du « Prince des Juifs de Constantinople » ; ceux-ci conseillent aux juifs d'Arles une conversion simulée, et leur indiquent divers moyens de s'assurer ensuite la suprématie sur les Chrétiens et de leur nuire dans leur vie, leur religion et leurs biens.

Quand l'*Almanach Provençal* publia ces lettres, en 1880, les Juifs de presse crièrent à la malveillance. On leur objecta alors la publication faite en 1640, dans l'ouvrage de l'abbé Bouis, à une époque où il n'était pas question d'antisémitisme, et ils en furent quittes pour dire que le faux était ancien. Mais leur système s'effondra quand on sut que deux lettres adressées à des Juifs d'Espagne avaient été trouvées vers la fin du XVIe siècle, dans les archives de Tolède, et publiées à Paris en 1583, par un gentilhomme navarais, Julien de Medrano, dans un ouvrage espagnol intitulé : *Silva curiosa*. Il parait donc certain que le Sanhédrin et le Prince de la Captivité résidaient secrètement à Constantinople, en 1489, époque de cette correspondance.

2° *L'Histoire des Juifs de la Grande Bretagne*, par le rabbin Mosès Margoliouth, Londres, 1851. L'auteur peu suspect, rapporte qu'un juif de Ferrare, Emmanuel Tremelli, s'étant converti (en apparence) à la Réforme, était devenu professeur d'hébreu à Cambridge ; intime avec les gouvernants d'alors, et violemment ennemi, comme eux, du Catholicisme, il fut le maître de l'hébraïsant Hugh Broughton, qu'il initia à la Kabbale et qui devint le théologien favori de la reine Élisabeth. Hugh Broughton remit un jour à la Reine une lettre officielle de rabbi Reuben, chef des Juifs de Constantinople, qui offrait une véritable alliance entre la puissance anglaise et la puissance juive, rabbi Reuben déclarant que l'Assemblée qu'il présidait était *le centre des Juifs du monde entier*. Il demandait l'envoi à Constantinople de représentants de la reine, chargés de négocier un accord, et offrait en échange des lettrés juifs pour la publication de traductions anglaises de la Bible. La reine Élisabeth montra peu d'empressement pour accepter cette offre. Mais,

LE SANHÉDRIN RESTAURÉ ET LE TALMUD

Quand il disparut, le Sanhédrin de Babylone avait depuis longtemps achevé le travail commencé à Tibériade,

après sa mort, sous le règne de Jacques Ier Stuart, Hugh Broughton revint à la charge et fut plus heureux. Il obtint notamment que les Juifs, bannis d'Angleterre depuis des siècles, fussent autorisés à y rentrer.

Cette page d'histoire, tirée d'un écrivain juif, prouve que le Sanhédrin était encore à Constantinople aux environs de l'an 1600, plus d'un siècle après l'époque où furent écrites les lettres aux Juifs d'Arles.

3° *Histoire des Juifs*. Paris, Louis Roulland, 1710. L'auteur signale incidemment (IV, 51) que l'impôt du didrachme se paie encore de son temps, et dit : « On a retenu cet ancien usage ; car les deniers que cette nation lève en Hollande, et dans les autres lieux où elle jouit de quelque prospérité sont envoyés à Venise et *de là à Thessalonique*. On en achète les choses nécessaires pour habiller les docteurs de la Terre Sainte, et ensuite on les remet entre les mains des Maîtres de l'Académie de Tibériade, qui en font la distribution selon leur prudence, au commencement de l'année. Mais le vaisseau qui les porte n'échappe pas toujours à la vigilance des Corsaires ».

L'auteur, qui n'a jamais songé à l'existence d'un pouvoir secret de la nation juive dans les temps modernes, reproduit l'explication qui a dû lui être donnée d'un fait qui l'avait surpris : *la levée du didrachme au début du* XVIIIe *siècle*. Il l'attribue à un but de charité sans se demander quelle puissance juive avait le droit de lever cet impôt, qu'il eut ou non la charité pour but. Remarquons aussi que les fonds ainsi réunis à Venise étaient envoyés à Salonique (Thessalonique), c'est-à-dire dans une ville presque entièrement juive et proche de Constantinople, où le Sanhédrin a donc fort bien pu être transporté. L'itinéraire des fonds au delà de Salonique paraît ensuite purement fantaisiste, et indiqué pour égarer notre auteur, car pourquoi ce voyage à Salonique — si les fonds étaient destinés à la Terre Sainte, qui n'est point sur la même route de navigation ?

Notons que Salonique-la-Juive est aujourd'hui encore une ville inquiétante, d'où est sortie la révolution jeune turque, et où prit naissance le « Comité Union et Progrès ». Notons aussi que les levées de deniers sur les Juifs de tous les pays, se font toujours, obligatoirement et par l'intermédiaire de chaque synagogue : on en a vu mille preuves au moment de l'Affaire Dreyfus.

en 190, par Judas le Saint : LE TALMUD, cette expression écrite de la doctrine secrète des Pharisiens, était terminé. Rabbi Aschi et son collaborateur rabbi Abina, avaient été les continuateurs immédiats de l'œuvre du Sanhédrin de Tibériade : de 440 à 470, ils composèrent, à Babylone, les *Conclusions de la Ghemara* qui accentuèrent encore le caractère antisocial du TALMUD en exaltant l'orgueil ethnique et les espérances de domination universelle des Juifs.

L'œuvre se continua après eux. Rassemblé et répandu dans toutes les Synagogues du monde, l'ouvrage colossal auquel plus de deux cents auteurs ou commentateurs avaient travaillé, y perpétua avec une force nouvelle la pensée pharisienne[60].

Telles furent les origines du Talmud, qui s'identifie avec la pensée juive depuis près de 2.000 ans, et dont on peut dire qu'il est l'Évangile du mensonge, de la fraude, du vol et de l'assassinat. C'est dans ce livre que toutes les générations juives ont étudié jusqu'à nos jours et c'est lui qu'il faut connaître si l'on veut comprendre l'être étrange qu'est le Juif.

FIN DE LA PREMIÈRE PARTIE

---

60. Parmi les plus récents commentateurs du Talmud il faut citer rabbi Oschi, qui publia son œuvre en l'an 1105 ; Mosès ben Maïmoun, dit Maïmonides, qui vécut également au XIIe siècle ; et enfin rabbi Josiel auteur du XVIe siècle, qui clôt la série des commentateurs.

sub tutela michaëlis

DEUXIÈME PARTIE

CHAPITRE VI

Les rabbins et le Talmud au dessus de Dieu et de la Bible

Les éditions du Talmud sont nombreuses, particulièrement celles du Talmud de Babylone, le plus estimé des Juifs, parce qu'exprimant avec moins de voiles les aspirations et les pensées de la race. La plus ancienne édition est presque contemporaine des débuts de l'imprimerie : faite à Venise, en 1520, par Bomberg, elle comprend douze volumes *in-folio*. Marc Antoine Giustiniani la réimprima, en 1550, à Venise encore, sans modifications. Mais ces éditions successives ne tardèrent pas à mettre le monde juif dans un grand embarras. Jusque là, en effet, quand un savant chrétien, ou un rabbin converti, dénonçait la morale d'Israël comme scandaleuse et produisait à l'appui de ses dires des extraits du livre saint des Juifs, ces derniers en étaient quittes pour crier à l'ignorance du traducteur ou à la malice du copiste auteur du manuscrit incriminé [61] : Avec un ouvrage imprimé, définitif et revêtu d'un caractère officiel, cette tactique devenait impraticable, et les antisémites du XVIᵉ siècle eurent aussitôt une base solide pour appuyer leurs accusations devant les pouvoirs publics. Aussi la troisième édition du Talmud (celle de Bâle, en 1581) fut-elle expurgée par la censure du Saint Empire de certains passages particulièrement venimeux contre l'Église et le Christ. Les Juifs se bornèrent d'ailleurs à faire réimprimer à part les blasphèmes supprimés et à les intercaler dans leurs volumes en leur possession [62].

De nouvelles plaintes s'étant produites à la suite des éditions (complètes celles-là) d'Amsterdam, en 1600, et de Cracovie, en 1605, les rabbins jugèrent prudent de ne pas fournir plus longtemps des armes contre Israël. Aussi le Synode général réuni en Pologne, en 1631, ordonna-t-il la suppression des passages incriminés, dans toutes les éditions à venir ; mais il le fit dans des termes qui méritent d'être signalés, parce qu'ils sont un monument de la perfidie juive : « *C'est pourquoi nous enjoignons, sous peine d'excommunication majeure (Hérom) de ne rien imprimer dans les éditions à venir de la Mischna ou de la Ghemara qui ait rapport, en bien ou en mal, aux actes de Jésus le Nazaréen. Nous enjoignons en conséquence de laisser en blanc les endroits qui ont trait à Jésus le Nazaréen. Un cercle comme celui-ci, mis à la*

---

61. Les Juifs tenaient si peu à mettre leur livre sacré sous les yeux des non-Juifs qu'il est dit au Traité *Sanhédrin*, folio 59, a : « Un non-Juif qui étudie la Loi (le Talmud) mérite la mort ».

62. Voir (*Action Française*, 15 juillet 1911) l'article du compte de Lafont de Savines sur le Talmud.

place avertira les rabbins et maîtres d'école d'enseigner à la jeunesse ces passages de vive voix seulement. Au moyen de cette précaution, les savants d'entre les Nazaréen (chrétiens) n'auront plus de prétexte pour nous attaquer à ce sujet [63] ».

Cette décision fut appliquée, plus ou moins complètement, dans les éditions ultérieures de Vienne, la plus intacte, d'Amsterdam (1644), de Francfort sur l'Oder (1697, et 1715-1721), de Sulzbach (1644), de Prague (1830), et de Varsovie (1863). Cependant, malgré le truquage employé, ces éditions fourmillent encore des textes d'un cynisme révoltant. C'est en les dépouillant qu'un savant hébraïsant, M. l'abbé Auguste Rohling, docteur en théologie et professeur de l'Université de Prague, composa vers 1878 un petit ouvrage, *le Juif Talmudiste*, qui fut d'abord publié à Münster en Westphalie. Des critiques ayant été formulées sur l'exactitude de certaines citations, M. l'abbé Maximilien de Lamarque, docteur en théologie, employa dix années à réviser complètement l'ouvrage, et le publia à nouveau, en 1888, à Bruxelles, chez l'éditeur Alfred Vromant, QUI OFFRIT UNE RÉCOMPENSE DE 10.000 FRANCS À QUICONQUE PROUVERAIT QU'UNE SEULE DES CITATIONS CONTENUES DANS LE VOLUME ÉTAIT FAUSSE.

Il y a aujourd'hui vingt ans de cela ; l'ouvrage a été répandu par dizaines de milliers d'exemplaires en Belgique, en France et en Allemagne ; un grand nombre de rabbins l'ont eu entre les mains ; or, MALGRÉ L'ESPRIT DE LUCRE SI RÉPANDU EN ISRAËL, PERSONNE NE S'EST JAMAIS AVISÉ D'ESSAYER DE GAGNER LA PRIME EN PROUVANT LA FAUSSETÉ D'UNE SEULE CITATION. Une telle expérience fait preuve pour les plus sceptiques. C'est donc à

---

63. Drach, *Harmonie entre l'Église et la Synagogue*, I, 167.

l'ouvrage des abbés Rohling et de Lamarque que nous allons emprunter un certain nombre de textes du Talmud. Mais, tout d'abord, il nous faut insister sur le caractère que revêt, pour les Juifs, ce Talmud dont nous avons raconté, dans notre première partie, la lente élaboration.

Les Pharisiens, qui l'ont rédigé, devaient avoir pour première préoccupation d'exalter la valeur dogmatique du livre que leur secte avait médité pendant près de mille ans. Il n'y ont pas manqué, et ils ont placé leur œuvre au dessus de cette Bible qui ne leur inspirait que de l'éloignement, parce qu'elle leur rappelait l'époque de l'orthodoxie d'Israël. Aussi le Talmud a-t-il soin de proclamer en maints endroits sa propre supériorité sur la Bible. Les citations suivantes le prouvent sans contestation possible :

« La Bible ressemble à l'eau, la *Mischna* au vin, la *Ghemara* au vin aromatique. Comme le monde ne peut exister sans l'eau, le vin et le vin aromatique, ainsi le monde ne peut être sans la Bible, sans la *Mischna* et sans la *Ghemara*. La Loi ressemble au sel, la *Mischna* au poivre et la *Ghemara* a l'arôme, et le monde ne peut subsister sans sel, etc. [64].

« Ceux qui étudient la Bible pratiquent une chose qui est une vertu ou qui n'est pas une vertu ; ceux qui étudient la *Mischna* pratiquent une vertu et en seront récompensés ; mais ceux qui étudient la *Ghemara* pratiquent la plus haute vertu [65].

« Si l'homme passe des sentences du Talmud à la Bible, il n'aura plus de bonheur [66].

Constamment, le Talmud répète cette même idée de la supériorité de l'œuvre des rabbins sur l'œuvre inspi-

---

64. *Masech. Sepharim*, folio 13b.
65. Traité *Baba Mezia*, folio 33a.
66. Traité *Chag.* folio 10b.

rée de Dieu : « Les paroles des écrivains du Talmud sont plus douces que celles de la Loi[67] », dit-il, en sorte que « les péchés contre le Talmud sont plus graves que ceux contre la Bible[68] ». Et tous les commentateurs sont d'accord pour ajouter : « On ne doit pas avoir de commerce avec celui qui a en mains la Bible et non le Talmud[69] ». « Mon fils, fais plus attention aux paroles des rabbins qu'aux paroles de la Loi[70] ». « Celui qui lit la Bible sans la *Mischna* et sans la *Ghemara* est semblable à quelqu'un qui n'a pas de Dieu[71] ». Cette idée de la supériorité du Talmud sur la Bible est si bien entrée dans les cerveaux juifs, que les Archives Israélites elle-mêmes, l'orage des Juifs réformateurs, déclarent sans hésitation : « Quant au Talmud, nous reconnaissons sa supériorité absolue sur la Bible de Moïse[72] ».

Pour expliquer cette supériorité, l'enseignement traditionnel des Juifs affirme que Dieu, sur le mont Sinaï, donna à Moïse, non seulement la Bible, mais aussi le Talmud ; mais il mit cette différence entre les deux ouvrages que le Talmud, le plus précieux, serait conservé oralement, afin que les peuples idolâtres ne puissant en avoir connaissance eu cas où ils rendraient Israël tributaire[73] ; et aussi parce que si Dieu avait voulu écrire le Talmud, la terre n'aurait pas suffi pour en recevoir les caractères[74].

---

67. Talmud de Jérusalem, Traité *Berachoth, Perek* I.
68. Traité *Sanhédrin*, folio 88b.
69. *Sepher Cad ha Kemach*, folio 77, c 3.
70. Traité *Erûbin*, folio 21 b. *Cf.* Traité *Gittin*, folio 59b.
71. *Sepher Chafare Zedek*, folio 9.
72. *Archives Israélites*, 1864, 25. 150.
73. Traité *Berachoth* I. c., et *Midrasch Chemott rabba*, par. 47.
74. *Jalkut Simeoni*, 22.

Ayant ainsi divinisé le Talmud. L'enseignement de la Synagogue ne pouvait moins faire que de magnifier étrangement le corps rabbinique, auquel Israël était redevable de la rédaction et de la conservation d'un si sublime ouvrage. Aussi les rabbins sont-ils l'objet, non d'une vénération humaine, mais d'une véritable adoration, comme en témoignent les textes suivants : « Celui [75] qui méprise les paroles des rabbins est digne de mort ». — « Il faut [76] savoir que les paroles des rabbins sont plus suaves que celles des prophètes ». — « Les discours ordinaires [77] des rabbins doivent être estimés comme la Loi entière ». — « Celui [78] qui contredit son rabbin, celui qui dispute avec lui ou murmure contre lui, ne fait autre chose que contredire la majesté divine, disputer avec elle et murmurer contre elle ». — « Les paroles [79] des rabbins sont les paroles du Dieu vivant ». Et Maïmonides de confirmer [80] : « La crainte du rabbin est la crainte de Dieu » ; tandis que rabbi Raschi déclare [81] : « Si un rabbin te dit que ta main droite est ta gauche, et que ta gauche est la droite, il faut ajouter foi à ce qu'il te dit ».

Ayant proféré de telles paroles, les auteurs talmudiques n'avaient pas de raison de s'arrêter en si beau chemin ; aussi le traité Sanhédrin (fol. 92 a) dit-il que les rabbins défunts sont chargés, au Ciel, de l'instruction des

---

75. Traité *Erûbin*, folio 21b.
76. *Sepher Caphthor U-Perach*, 1590 : folio 121.
77. *Midrach Mischle*, folio 1.
78. Traité *Sanhédrin*, folio 110a.
79. *Bachaï, ad Pent.* folio 201, col. 4.
80. *Jad. Chaz. hilch. Talm. Thôra, Perek* 5, I.
81. *Ad Deutér.*, XVII, 11.

élus ; et rabbin Menachem[82] affirme que chaque fois que s'est débattue au Ciel une question grave intéressant la Loi, Dieu est descendu sur la terre pour consulter les rabbins...

Mais, observera-t-on peut-être, le Talmud contient force opinions contradictoires émises sur le même fait et dans le même temps par ces rabbins réputés si savants. Tous ne peuvent avoir raison, puisque les uns et les autres se contredisent, et comment dès lors discerner la vérité ? C'est encore rabbi Menachem qui va nous répondre[83] : « Toutes les paroles des rabbins, de n'importe quel temps ou quelle génération, sont les paroles de Dieu, aussi que les paroles des prophètes, lors même qu'elles se contrediraient ; celui-là donc qui contredit les rabbins, qui dispute avec eux ou murmure contre eux, dispute et murmure contre Dieu même ».

Cette doctrine qui réclame pour les rabbins de tous les temps, et dans toutes les circonstances, même lorsqu'ils sont en désaccord, une infaillibilité que l'Église Catholique n'accorde qu'à son chef, et dans des cas nettement déterminés, cette doctrine se retrouve dans tous les commentateurs du Talmud. Elle aboutit pratiquement à l'abolition de toute règle précise de morale. En effet, y a-t-il désaccord sur un point quelconque entre l'école de Hillel et l'école de Chammaï, dont le Talmud nous retrace les discussions : « Les deux opinions sont la parole de Dieu, celle de Chammaï et celle de Hillel », dit le livre sacré de la Synagogue. En sorte qu'il ne lui reste qu'à conclure : « Puisque toute parole est divine, fais ce que ton cœur désire, selon que l'exécution en est

---

82. *Ad Pent., par.* 28, folio 129, col. 3.
83. *Ad Exod.* xx, 1, folio 98.

possible » [84]. Indifférence des actions humaines bien conforme à l'idéal pharisien, et que vient immédiatement compléter cette autre prescription : « Il est permis de pécher pourvu qu'on commette le péché en cachette » [85].

---

84. *Cf.* Traité *Chûllin*, folio 34b. ; Traité *Jebammoth*, folio 32b ; rabbi Raschi, *Jebam.*, folio 33a ; et *Tosaphot*, Traité *Chebâoth*, folio 26a.
85. Traité *Chag.* folio 16a ; et Traité *Kiddûchin*, folio 40a.

CHAPITRE VII

Dieu, les Anges et les Démons selon le Talmud

S'étant ainsi en quelque sorte divinisés eux-mêmes, il restait aux auteurs et commentateurs du Talmud à faire, au contraire, de Dieu un être de conception purement et bassement humaine, prêtant à rire aux Juifs et effaçant en eux jusqu'au souvenir du grandiose Jéhovah que leurs pères avaient adoré. Ainsi se trouvait satisfait, sous la seule forme efficace et prudente, le vieux sentiment pharisien qui niait toute divinité distincte de la Nature — mais qui ne pouvait exposer crûment cette théorie en Israël sans provoquer des résistances dangereuses. Puisqu'il fallait, pour la masse, maintenir le principe d'un Dieu créateur, les Pharisiens se résignèrent à garder l'intégrité du système panthéiste pour l'intimité de leurs livres et de leurs cénacles de Haut

Kabbale, et ils mirent Jéhovah en scène dans le Talmud. Mais un Jéhovah amoindri, falot, grotesque, et comme échappé d'une opérette d'Offenbach — à tel point que ce musicien juif n'a eu, sans doute, qu'à interroger le livre de sa race pour y trouver le modèle des Dieux d'Orphée aux Enfers. Parcourons le Talmud et cueillons au hasard quelques unes des bouffonneries auxquelles est mêlé le nom du Dieu tout-puissant.

Le jour, y est-il dit (*Abod-Zar.*, fol. 3b) a douze heures. Pendant les trois premières heures, Dieu est assis et étudie la Loi ; pendant les trois heures suivantes, il juge le monde ; pendant trois heures encore, il le nourrit ; puis, satisfait de ses neufs heures de travail, il s'assied, appelle Léviathan, le roi des poissons et joue avec lui. Or ce Léviathan (*Baba Bathra*, fol. 74 a et b) est un monstre formidable, car le Talmud affirme qu'il pourrait avaler, sans mettre son gosier en péril, un poisson de 300 kilomètres de long. Aussi, dans la crainte que la progéniture de ce colosse envahit le monde et le dévastât, Dieu a châtié Léviathan et a tué sa femelle ; il a salé le chair de celle-ci et c'est cette chair salée que mangent les élus au Paradis. Que fait ensuite Dieu, une fois la nuit venue ? Rabbi Menachem[86] nous assure qu'il étudie d'abord le Talmud avec les Anges ; mais ceux-ci ne sont pas seuls à discuter avec Jéhovah sur le livre saint, car Asmodée, le roi des démons, montre alors au Ciel pour prendre part à l'entretien[87]. Ensuite, Dieu danse avec Eve, l'aide dans sa toilette et lui tresse les cheveux[88].

---

86. *Ad. Pent.*, folio 97, 3. Cf Targùm, ad cant. V, 10.
87. Traité *Gittin*, folio 68 a.
88. Traité *Berachoth*, folio 61 a.

Cependant cet emploi du temps a subi quelques modifications depuis la ruine du Temple de Jérusalem[89] : Dieu ne joue plus avec Léviathan et ne folâtre plus avec Eve, car il est triste, ayant gravement péché. Ce péché pèse si lourd sur sa conscience, que selon le Talmud[90], il est assis pendant trois parties de la nuit et rugit comme un lion, en s'écriant : « Malheur à moi, puisque j'ai permis qu'on dévaste ma maison, qu'on brûle mon temple et qu'on emmène mes enfants. » En vain, pour le consoler, chante-t-on ses louanges ; il est obligé de secouer la tête et de dire : « Heureux le roi qu'on loue dans sa maison ! mais quelle punition est due à un père qui permet qu'on traîne ses enfants dans la misère ? » Cette désolation l'a réduit à un tel état de consomption qu'il est devenu fort petit : jadis il remplissait le monde et maintenant il n'occupe plus guère que quatre aunes de terrain[91]. Il pleure et ses larmes tombent du ciel avec un tel fracas que le bruit en retentit au loin et que des tremblements de terre en naissent[92].

Quand la désolation de Dieu le fait ainsi rugir, il imite la voix du lion de la forêt d'Elaï, qui avait, selon le Talmud, un gosier fort remarquable. Un jour, l'empereur romain voulut voir ce lion. On le fit chercher ; et, quand il n'était plus éloigné de l'empereur que de 400 milles, il rugit avec une telle force que toutes les femmes enceintes firent de fausses couches et que tous les murs de Rome s'écroulèrent ; lorsqu'il n'était plus éloigné que de 300 milles, il rugit de nouveau avec tant de forces que les gens perdaient

---

89. *Baba Bathra*, folio 74 a et b.
90. Traité *Berachoth*, folio 3 a.
91. Ne pas oublier que les écrivains Talmudistes sont des maîtres en allégorie : ce Jéhovah gigantesque devenu tout petit, c'est la conception de la divinité dans la Bible remplacée par celle du Talmud.
92. Traité *Berachoth*, folio 59 a et Traité *Chag.* folio 5 b.

leurs dents et que l'empereur, tombant de son trône, demanda qu'on reconduisît le lion [93].

On conçoit qu'un Dieu qui se présente sous de tels aspects n'en impose guère aux hommes ; aussi le Talmud nous le montre-t-il assailli de récrimination. La Lune elle-même lui fait des reproches parce qu'il l'a créée moins grosse que le Soleil et Dieu confesse humblement sa maladresse [94]. Dieu d'ailleurs est un étourdi qui fait des serments inconsidérés. Comme il a besoin d'en être délié, un ange puissant, nommé Mi, se tient constamment entre le ciel et la terre, et fait remise à Dieu des engagements qu'il prend à la légère [95]. Mais il arrive à cet ange de n'être pas à son poste, et alors Dieu se trouve dans un grand embarras, comme le jour où un sage en Israël l'entendit s'écrier : « Malheur à moi ! qui me déliera de mon serment ! » Il courut raconter cela à ses collègues les rabbins, qui le traitèrent d'âne parce qu'il n'avait pas lui-même délié Dieu comme tous les rabbins en ont le pouvoir [96].

Ajoutons, pour compléter le portrait moral de Dieu, selon le Talmud, que celui-ci lui attribue généreusement la responsabilité de tous les péchés qui se commettent sur la terre. C'est lui, disent les écrivains rabbiniques, qui a donné aux hommes une nature dépravée ; il ne peut donc pas leur reprocher de tomber dans le péché, puisqu'il les y a prédestinés [97]. Et c'est pourquoi David en commettant l'adultère, les fils d'Élie en se livrant aux

---

93. Traité *Chûllin*, folio 59 b.
94. Traité *Chûllin*, folio 60 b., et Traité *Chebûoth*, folio 9 a.
95. *Ibid.*
96. Traité *Baba Bathra*, folio 74 a.
97. Traité *Aboda Zara*, folio 4 b.

concussions, ne péchaient pas véritablement ; Dieu seul était coupable de leurs fautes⁽⁹⁸⁾.

Si Dieu est ainsi traité par le Talmud, on doit penser que les Anges ne le sont guère mieux. Le livre saint de la Synagogue nous les montre occupés, pendant la moitié du jour, à préparer du sommeil pour les hommes⁽⁹⁹⁾. Pour les remercier des bons offices qu'ils en tirent, les hommes doivent aux Anges des actions de grâce ; mais cela ne signifie nullement qu'on ne puisse pas se passer d'eux dans l'occasion. En effet, les Anges, tout savants qu'ils sont, ne connaissent pas la langue chaldéenne ; en sorte que lorsque les Juifs veulent demander quelque chose à Dieu en cachette des Anges, ils n'ont qu'à faire leur prière en chaldéen : toute l'armée des cieux reste bouche bée et Jéhovah seul a compris⁽¹⁰⁰⁾.

Les Anges sont très inégaux entre eux ; un petit nombre seulement participe à l'Éternité, qui est l'apanage des âmes humaines. Ces rares privilégiés ont été créés au commencement du monde, le second jour ; tous les autres périront avant la fin du monde. Jéhovah, d'ailleurs, créé chaque jour de nouvelles troupes d'Anges ; mais ceux-ci ne vivent qu'un instant : ils chantent un cantique en son honneur et disparaissent⁽¹⁰¹⁾. Par chaque parole que Dieu prononce, un ange est créé⁽¹⁰²⁾. Vingt et un mille anges sont préposés aux vingt et un mille espèces de plantes qui sont sur la terre ; il y a des anges pour les fauves, pour les oiseaux, pour les poissons, et même

---

98. Traité *Sab.* folios 55 b et 56 a.
99. *Jalkût Chad.*, folio 118.
100. *Tosaphat*, Traité *Berachoth*, folio 3a. On remarquera ce caractère d'excellence accordé au chaldéen, réminiscence de l'origine babylonienne des traditions pharisiennes.
101. *Bachaï*, folio 37, col. 4 ; et Traité *Chag.*, folio 14a.
102. Traité *Chag.* 1. c.

pour les médecines ; et le Talmud nous apprend que le glorieux archange Gabriel, l'ange de l'Annonciation, est chargé de veiller sur les fruits mûrs[103].

C'est un vendredi soir, alors qu'il était très tard, que Dieu créa les Démons ; et, comme le sabbat allait commencer, il n'eut pas le temps de les achever et de leur donner un corps. Ils ont une âme, faite d'une substance qui se trouve dans la lune et ne sert à rien, une forme matérielle, faite d'eau ; et de feu pour les uns, de terre et d'air pour les autres, mais pas de corps[104].

Beaucoup de démons descendent d'Adam. disent les écrivains rabbiniques : quand le premier homme fut chassé du Paradis terrestre, il refusa d'abord d'approcher d'Eve pour ne pas donner le jour à des êtres maudits de Dieu. Deux démons femelles lui apparurent alors et conçurent de lui. Pendant cent trente ans, l'un de ces démons femelles, appelé Lilith, engendra d'Adam des démons, des esprits malfaisants et des spectres nocturnes. Mais Lilith ayant mal agi envers Adam, Dieu la condamna à voir périr chaque jour cent de ses enfants ; et sa douleur fut si grande que depuis lors, accompagnée de quatre cent quatre vingts esprits de malédiction, elle n'a pas cessé de parcourir le monde en rugissant[105].

---

103. Traité Pesachim, folio 118 ; traité *Sanhedrin*, folio 95 (Raschi) ; *Sepher Ammûde Schibkab*, folio 49.

104. *Jalkût Chad*, folio 107, 115 et 116 ; *Sepher Nischmath Chaijm*, folio 117, col. 2 ; *Sepher Tûb ha — arez*, folio 9 b. (On remarquera cette décomposition en âme, forme et corps, qui est empruntée aux anciennes croyances chaldéennes ; les juifs Kabbalistes l'ont reçue par le canal des Pharisiens et l'ont transmise à nos occultistes, spirites et théosophes modernes : la « ferme » est devenue le « corps astral ».

105. *Jalkût Reûbeni*, III ; traité *Erûbin*, folio 18 b. ; *Sepher Bensira*, folio 9 a et b.

Pendant qu'Adam se comportait ainsi, Eve n'avait pas une meilleure conduite : elle était la femme de démons mâles qui lui engendraient une semblable progéniture[106]. Depuis lors, beaucoup d'hommes et de femmes s'unirent ainsi aux démons. Il ne faut donc pas être surpris si le nombre de ces derniers est très considérable (d'autant plus qu'ils procréent aussi entre eux), et il le serait bien davantage si ces méchants esprits n'avaient un goût marqué pour l'ivrognerie et la gourmandise, ce qui fait que beaucoup meurent d'indigestion[107]. Salomon, qui fut un grand magicien, connaissait bien ces particularités, et, en plus de ses 700 femmes et de ses 300 concubines, il s'était choisi quatre épouses parmi les démons femelles[108]. L'une d'entre elles fut cette Lilith, qui avait déjà été la femme d'Adam et qui mène depuis lors si grand tapage. Une autre dansait sans discontinuer et avait à sa suite 479 esprits mauvais qui imitaient toutes ses contorsions. Mais elle ne pouvait être comparée à la troisième qui fut choisie par Salomon : elle était femme du puissant démon Sammaël, et, en l'honneur de son époux infernal, elle est accompagnée de 180.000 esprits très malfaisants.

Le seul moyen pour les hommes de tuer des démons est de faire cuire des gâteaux de Pâques, dont l'odeur leur est insupportable[109] ; mais l'on en serait débarrassé depuis le Déluge si Noé n'avait pas été assez simple pour en prendre quelques couples dans l'arche[110]. Depuis lors, ils se sont multipliés et l'on en trouve partout... Ils aiment à venir danser entre les cornes d'un bœuf qui revient de

---

106. Bachaï, folio 16 a ; et *Sepher Nischmath Chaijm*, folio 114 b.
107. Traité Chag., folio 16 a.
108. *Sepher ha-Nechamâ*, folio 28 a ; traité *Pesachim*, folio 112 b.
109. *Zohar, par. Vajchlach.*
110. *Sepher Nischmath Chaijm,* folio 115, col. 3.

l'abreuvoir, ou au milieu d'une troupe de femmes au retour d'un enterrement. L'envie les attire aussi autour des rabbins. Enfin, les noyers leur sont un lieu de refuge et chacune de leurs feuilles est occupée par un démon ; c'est pourquoi il faut bien prendre garde de ne pas s'endormir sous leur ombrage ; car les démons vous joueraient les plus méchants tours [111].

Le Talmud est intarissable sur cette question des démons, et toutes les fables qu'il raconte sont devenues la base des livres de sorcellerie et de magie, si populaires au Moyen Age, et qui sont, depuis vingt ans, l'objet d'une nouvelle faveur du public. C'est à bon droit qu'Eliphas Lévi (le défroqué Louis Constant) a pu dire que le Talmud était le livre fondamental de la Magie ; les démons, les charmes, les enchantements y interviennent à chaque page. Il ne faut pas s'aventurer dans les endroits solitaires, parce que les démons y font leur demeure ; il ne faut pas se trouver seul aux heures où commence la croissance et la décroissance de la lune, parce que ce sont des moments abandonnés aux démons ; il ne faut pas saluer quelqu'un pendant la nuit, parce que celui qu'on salue pourrait bien être un démon ; etc.

Les superstitions les plus niaises, qui ont été ensuite propagées par les pythonisses de bas étage et les magiciens filous (une croix rencontrée, signe de malheur prochain ; le vendredi, jour de mauvaise chance ; bien d'autres choses encore) ont commencé par se trouver consignées dans le Talmud et ont fait partie de l'enseignement des rabbins. Outre l'avantage de dégrader, chez les Juifs comme chez les non-Juifs, la notion du surnaturel, les auteurs pharisiens du Talmud attachaient un sens

---

111. Traité *Pesachim*, folio 112 b. ; Jo. Dea, par. 359 ; Traité *Berachoth*, folio 6 a ; *Jalkût Chad.*, folio 108 b.

symbolique à ces croyances superstitieuses ; et les rabbins s'amusent fort, aujourd'hui encore, en voyant beaucoup de Chrétiens, par ailleurs bons croyants, adopter l'enseignement de la Synagogue en considérant la croix et le vendredi (l'instrument et le jour de la Rédemption) comme étant de funeste présage...

Les rabbins, qui s'étaient fait si bonne mesure en mettant leur sagesse au-dessus de celle de Dieu, ne pouvaient manquer de s'attribuer un grand pouvoir sur les démons. Le Talmud affirme que ce pouvoir est sans limites et qu'ils s'en servent pour les plus étonnants tours de magie.

Ici, c'est un des rédacteurs du Talmud dont il est rapporté qu'il avait le Secret de ressusciter un homme après l'avoir tué ; à plus forte raison pouvait-il rendre la vie à un animal ; aussi imagine-t-il, pour se nourrir à bon marché, de tuer tous les soirs un veau de trois ans, dont il dînait de bon appétit avec un de ses confrères, puis qu'il ressuscitait le lendemain matin, pour le retuer et le remanger le soir venu[112]. Préférant la venaison, un autre rabbin célèbre changeait, par ses secrets magiques, des citrouilles en cerfs et des melons en daims[113]. Encore fallait-il avoir des citrouilles ; mais, si rabbi Eliezer était présent, on n'avait pas à craindre d'en manquer : quelques paroles mystérieuses lui suffisaient pour en remplir tout un champ[114]. Rabbi Jannaï, non moins habile, pouvait changer l'eau en scorpions, et, un jour ou il manquait de monture pour aller au marché, il changea une femme en âne, et lui rendit sa forme une fois la course faite[115]. Tous

---

112. Traité *Sanhédrin*, folio 65 b. ; traité *Meggilia*, folio 7 b. ; traité *Sanhédrin*, 1, c.
113. *Talmud de Jérusalem*. Traité *Sanhédrin*, Perek VII.
114. Traité *Sanhédrin*, folio 68 a.
115. Traité *Sanhédrin*, folio 67 b. ; *Massech, Sepharim*, 13.

les rabbins célèbres avaient, d'ailleurs, dit le Talmud, une pierre magique qui leur servait à faire des prodiges : un d'entre eux s'amusait à en toucher des oiseaux salés, qui aussitôt revenaient à la vie et prenaient leur vol [116].

---

116. *Baba Bathra*, folio 74 b.

CHAPITRE VIII

À TRAVERS LE TALMUD

'EST de la même manière que la Bible est transformée par les écrivains Talmudiques, qui la racontent une seconde fois, en la mélangeant d'absurdités dans le genre de celles que nous venons de rapporter.

C'est ainsi que le Talmud raconte que Dieu créa d'abord l'homme hermaphrodite, Adam et Eve ne formant qu'un corps ; mais, plus tard, il changea d'idée et sépara leurs deux natures [117]. Adam était alors si grand que sa tête touchait le firmament, et que, lorsqu'il se couchait, ses pieds se trouvaient à l'extrême occident et sa

---

117. L'hermaphrodisme occupe une grande place dans le Talmud, et les Juifs kabbalistes ont transmis cette préoccupation à la plupart des écoles occultistes. De nos jours encore, on voit des écrivains hermétiques consacrer d'importants commentaires aux caractères d'hermaphrodisme de certains tableaux réputés en contenir, tel le Précurseur de Léonard de Vinci, au Louvre.

tête à l'extrême orient. Mais, quand Adam eut péché, Dieu le fit plus petit que les hommes ordinaires[118].

Presque aussi grand était Og, ce toi de Basan que cite la Bible et que le Talmud met en scène fréquemment. Les rabbins assurent qu'il dut à sa taille de ne pas être noyé par le Déluge, alors que les plus hautes montagnes étaient submergées ; sa tête domina toujours les flots. Cependant, il fut en grand danger d'être bouilli, car les eaux qui couvraient la terre étaient brûlantes ; mais il eut la finesse de remarquer que l'onde restait froide autour de l'Arche et il ne s'en écarta pas d'une semelle. Tout au plus fut-il obligé de jeûner pendant ce temps, ce qui dut l'incommoder beaucoup, car il mangeait chaque jour, en temps normal, deux mille bœufs et autant de pièces de gibier, qu'il arrosait de mille mesures de vin.

Quand les Hébreux vinrent à Basan, Og voulut s'en défaire d'un seul coup ; sachant que leur camp couvrait trois milles de terrain, il alla arracher d'une montagne un rocher de même étendue et le mit sur sa tête, dans le dessein de le déposer sur les compagnons de Moïse. Mais Jéhovah s'aperçut de sa manœuvre et envoya des fourmis ronger le rocher ; ce travail alla si vite que le rocher fut troué sur la tête de Og, et, descendant sur ses épaules, lui prit le cou comme un carcan. Pendant qu'il travaillait à s'en débarrasser, Moïse accourut, avec une hache dont le manche avait dix aunes de long ; il fit en l'air un saut de dix aunes de haut, et parvient ainsi à atteindre Og à la cheville du pied, lui faisant une mauvaise entaille dont le géant mourut. Plus tard, rabbi Jochanan trouva un jour, dans le désert, un os gigantesque ; il courut plus de trois

---

118. Traité *Sanhédrin* 1. c. ; Traité *Chag.*, folio 12 a.

mille de long de cet os avant d'en voir la fin : c'était un tibia de Og[119].

Un jour que Og perdit une dent, Abraham le recueillit et s'en tailla un lit. Et cependant Abraham était grand et fort comme soixante quatorze hommes ordinaires, car il avait pris l'habitude de manger autant que soixante quatorze hommes. Il est vrai que le Talmud raconte, tour à tour, que cette dent de Og servit à faire un lit, ou à faire un fauteuil, en sorte que la question est restée en suspens[120].

Ce serait une erreur de croire, cependant, que le Talmud ne contient que des fables de ce genre. Les Pharisiens qui l'ont rédigé ont eu soin, après avoir ridiculisé par ces contes Jéhovah et la Bible, de consigner dans le nouveau livre saint tous les points essentiels de leur doctrine. c'est ainsi qu'on retrouve, formellement mentionnée en plus de vingts endroits du Talmud[121], cette ville croyance à la transmigration des âmes que la secte pharisienne naissante emprunta à la Chaldée, lors de la captivité de Babylone, et qu'elle a réussi ensuite à faire adopter par la nation juive tout entière, puis à répandre de nos jours parmi les Chrétiens, sous la forme des croyances spirites et théosophiques.

Le Talmud affirme, en effet, que Dieu, après avoir créé les âmes des Juifs de sa propre substance, de même qu'un fils est créé de la substance de son père, les prédestina toutes à la vie éternelle et au Paradis. Mais il ne les

---

119. Traité *Zebachim*, folio 113 b. ; *Masech. Sopharim*, 14 ; Traité *Berachoth*, folio 54 b. ; Traité *Nidda*, folio 24 b.
120. *Maseph. Sopharim*, 1. c.
121. Notamment : *Sepher Nischmath Chaijm*, folio 159 a ; *Jalqût Reûbeni*, 17 ; *Jalkût Chad*. Folios a b et 121 a ; *Baba Bathra* folio 16 b ; *Sepher Emek ha-Melech*, folio 16 a ; etc.

y admet que lorsque ces âmes se sont purifiées en passant par différents corps, en sorte que les âmes des aïeux morts reviennent s'incarner dans les enfants qui naissent jusqu'à ce que Dieu rappelle ces âmes à lui. Mais il arrive que des Juifs soient impies, tuent un autre Juif ou renient leur race ; que fera Dieu de ces révoltés ?... Il ne les condamnera pas à l'enfer éternel : tout au plus les y enverra-t-il une année durant. Après quoi, ces âmes juives seront envoyées dans des plantes, puis dans des corps d'animaux, puis dans des corps d'hommes non-juifs ; enfin, elles deviendront dignes de reparaître dans le corps d'un juif et pourront méditer à nouveau la vie éternelle.

On ne peut manquer d'être frappé de la similitude qui existe entre ces doctrines pharisiennes, vieilles de vingt-cinq siècles, et celles professées de nos jours par les disciples d'Allan Kardec ou de Mme Blavatsky. La différence la plus importante est que la béatitude finale est réservée par le Talmud aux seuls Juifs, tandis que spirites et théosophes affirment que tous les êtres y parviendront... Encore n'y a-t-il pas contradiction formelle, puisque le Talmud admet que certains non-Juifs peuvent se perfectionner en renaissant dans des corps de Juifs ; la chaîne des êtres, que les théosophes commencent aux choses inanimées pour arriver à l'être humain, compte ainsi, selon le Talmud, un anneau de plus : *le Juif, ou surhomme*. Les théosophes et spirites peuvent provisoirement ne pas admettre cet anneau supplémentaire : il n'en sont pas moins intellectuellement tributaires d'un système philosophique juif et ils préparent les cerveaux de leurs adeptes au prosélytisme judaïque, qui absorbera chaque jour les plus intelligents d'entre eux.

Ajoutons que le Talmud ne se borne pas à formuler d'une façon générale la doctrine de la transmigration des âmes. Il donne des exemples précis. C'est ainsi qu'il rapporte que l'âme de Japhet passa en Samson, celle de Tharé en Job, celle d'Eve en Isaac, celle de la courtisane Rahab en Heber le Hétien [122], celle de Saël, en Héli. Caïn, mieux partagé, avait trois âmes : l'une passa en Jethro, l'autre en Coré, et la troisième habitait le corps de cet égyptien que Moïse tua. Quant à Esaü, que le Talmud représente comme un assassin et un adultère, son âme passa dans le corps de Jésus le Nazaréen, fondateur de l'exécrable secte des Chrétiens, lequel Jésus, au dire des rabbins, est à jamais plongé dans l'Enfer, au sein d'une cuve d'excréments bouillants [123].

C'est en enfer aussi que vont les âmes des non-Juifs (qu'il ne faut pas confondre avec les âmes des Juifs coupables, provisoirement réincarnées dans des corps de non-Juifs). Tandis que, plus ou moins vite, tous les Juifs finiront par avoir le Paradis en partage, tous les autres hommes, mais surtout les Chrétiens et les Musulmans, seront damnés et plongés éternellement dans des cuves de fiel et de fange [124], le seul moyen pour eux d'être sauvés étant, pendant leur vie, de se faire circoncire et de

---

122. On remarquera ces réincarnations de femmes dans des corps d'hommes. C'est ainsi que les auteurs rabbiniques expliquent les mœurs contre nature de certains dépravés : ceux-ci sentent, disent-ils, se réveiller en eux leur âme, qui est féminine. Aussi les Kabbalistes de tous les temps ont-ils été pleins d'indulgence pour ce crime, que les anciennes lois de la Chrétienté, conformes à la loi de Moïse, punissaient du bûcher.
123. Traité *Sanhédrin*, folios 67 et 107. Ce passage, un des plus odieux du Talmud, l'a fait détruire à plusieurs reprises ; il a toujours été rétabli par les rabbins. Voir ci-dessus, note 121, les principales références relatives à ces transmigrations d'âmes.
124. *Reschith Choklmâ*, folio 37 b ; *Sepher Zeror ha-Mar*, folio 27 b ; *Bachaï*, 34 et 171 ; *Maschima Jeschûa*, fol. 19, col 4 ; *Rosch ha Channâ*, folio 17 a.

devenir prosélytes Juifs. Et cette damnation des non-Juifs est chose méritée, car si les Juifs sont de la substance de Dieu, comme nous l'avons vu plus haut, les non-Juifs, eux, sont de la substance du démon et leur âme est semblable à celle des animaux les plus vils [125].

Nous touchons ici à un autre côté de la doctrine pharisienne, emprunté non plus aux conceptions philosophiques de la Chaldée, mais au vieil orgueil national hébraïque. Les Pharisiens, ayant adopté les théories chaldéennes sur l'invisible, les avaient accommodées à la manière juive, en retenant pour Israël son rôle de peuple élu et les promesses de domination universelle. Ces grands athées avaient seulement humanisé le rôle assigné aux Hébreux par la Providence, en transformant le Messie en un triomphateur temporel, et en substituant à la primauté religieuse donnée à Israël par la connaissance de la vraie religion, une prétendue supériorité ethnique sur les autres peuples. Or, si la primauté religieuse imposait à Israël l'obligation d'être juste envers les non-Juifs (appelés à connaître plus tard, eux aussi, le Dieu de Moïse), la croyance à une supériorité ethnique excitait, par contre, les Juifs à ne voir dans les autres hommes que des êtres inférieurs, tolérables lorsqu'ils prétendaient s'égaler à elle. En donnant aux Juifs le Talmud, les Pharisiens leur mirent au cœur, non seulement la volonté de faire la conquête du monde, matériellement et par des moyens humains, mais encore le sentiment qu'ils étaient prédestinés à sa domination par leur origine supérieure, l'origine bestiale des autres hommes ne les prédestinant qu'à la servitude.

---

125. *Schefa Tal*, folio 4 ; *Schefa ha-Mechammà*, folio 221, col. 4 ; *Jalqût Chad.*, folio 154 b.

À TRAVERS LE TALMUD

Le Talmud abonde en prédictions sur ce que se passera à la fin des temps, quand viendra le roi-Messie qui « broiera les non-Juifs sous les roues de son char ». Il y aura alors une grande guerre pendant laquelle les deux tiers des peuples périrent. Les Juifs, vainqueurs, mettront sept ans à brûler les armes des vaincus. Ceux-ci se soumettront aux Juifs et leur feront de grands présents, mais le roi-Messie n'acceptera pas le tribut des chrétiens, qui devront être entièrement exterminés. Tous les trésors des peuples passeront dans les mains des Juifs, dont la richesse sera sans mesure : les trésors du roi-Messie seront si vastes que les clefs qui serviront à l'enfermer fermeront la charge de trois cents de somme ; quant aux simples Juifs le moindre d'entre eux recevra deux mille huit cents esclaves. Après l'extermination des Chrétiens, les yeux des autres peuples s'ouvriront : ils demanderont la circoncision et l'habit de prosélytes, et le monde entier ne sera plus peuplé que de Juifs. Alors, la terre produira sans travail des gâteaux au miel, des vêtements de laine, et de si beau froment que chaque grain en sera aussi gros que les deux rognons du plus grand bœuf[126].

Nous avons tenu à rapporter ces fables et ces prédictions — qui portent dans le Talmud le nom de Aggades (récits) — parce qu'elles servent à mesurer la déchéance intellectuelle que la conquête pharisienne a infligée à la nation juive, et aussi parce qu'elles permettent de comprendre l'atmosphère d'orgueil délirant et de soif de domination dans laquelle Israël vit depuis des siècles. Nous allons maintenant aborder les Hallakhoths, ou « sen-

---

126. Traité *Sanhédrin*, folios 88b. et 99 a ; *Jalqût Siméoni*, folios 56 ; *Bachaï*, folio 168 ; *Sanhédrin*, folio 101 a et b ; *Maschmia Jeschûa*, folios 49 a et 65 b ; *Pesachim*, folios 118 b et 119 a ; *Bachaï*, folio 72 a ; *Jebammoth*, folio 24 b ; *Aboda Zarah*, folio 3 b. Etc. etc.

tences » du Talmud, qui formulent en phrases brèves des préceptes et des enseignements qui ont été et sont encore ceux de la Synagogue dans tous les pays, et qui expliquent comment l'âme juive est devenue un composé de haine ardente et d'atroce perfidie contre tout ce qui lui est étranger, et particulièrement contre les Chrétiens.

CHAPITRE IX

Quelques préceptes de morale judaïque

OUR désigner le non-Juif, le Talmud se sert du mot *goï* (pluriel : *goïm*), et les Juifs ne manquent jamais, quand on leur reproche les conseils qu'ils donnent à l'égard des *goïm*, de dire qu'ils désignent par ces mots les païens, et nullement les Chrétiens ou les Musulmans. Or cette explication ne saurait être admise, puisque le Talmud lui-même prend soin de préciser : « celui qui n'est pas circoncis est un étranger, et étranger et païen sont synonymes [127] ». Il est donc bien entendu que ce qui va suivre s'applique à tous les non-Juifs, en général ; nous verrons plus loin que les Chrétiens sont l'objet de malédictions particulières.

---

127. Traité Berach., folio 47 b. ; Traité Gittin, folio 70 a ; Aboda Zarah, folio 26 b.

Le Talmud, ayant posé en loi que les Juifs sont sortis de la substance de Dieu, tandis que les non-Juifs sont issus de celle du démon, précise comme suit cette distinction : « Les Juifs sont plus agréables à Dieu que les Anges [128] », en sorte que si quelqu'un vient à en souffleter un « le crime est aussi grand que si l'on souffletait la Majesté divine » ; c'est pourquoi « un goï qui frappe un juif mérite la mort » [129]. Cette sanction est juste, expose le « Talmud, parce qu'il y a certainement une différence entre toutes les choses ; les plantes et les animaux ne pourraient exister sans les soins de l'homme, et de même que les hommes sont supérieurs aux animaux, les Juifs sont supérieurs à tous les peuples de la terre [130] ». *« Ceux-ci ne sont que de la semence de bétail* [131] » ; en sorte que, « si les Juifs n'existaient pas, il n'y aurait aucune bénédiction sur la terre, ni rayon de soleil, ni pluie, et les peuples ne pourraient subsister [132] ».

Tous les rabbins sont d'accord pour reconnaître aux non-Juifs une nature purement animale. Rabbi Moïse ben Nachman, rabbi Raschi, rabbi Abravanel, rabbi Jalqût, rabbi Menachem, les comparent tour à tour aux chiens, aux ânes et aux porcs, non par manière d'injures, mais par des commentaires étudiés et à intention scientifique : « Le peuple juif est digne de la vie éternelle, mais les autres peuples sont semblables aux ânes », conclut Abravanel [133] ; « Vous autres, Juifs, vous êtes des hommes, mais les autres peuples ne sont pas des hommes, puisque leurs âmes viennent de l'esprit impur, tandis que

---

128. Traité *Chûllin*, folio 91 b.
129. Traité *Sanhedrin*, folio 58 b.
130. *Sepher Zeror ha Mar*, folio 107 b.
131. Traité *Jebammoth*, folio 98 a ; traité *Kethub.*, folio 3 b.
132. *Jebammoth*, folio 63 a ; *Bachaï*, folio 153 b ; etc.
133. *Comment. du Hos.* IV, folio 230, col. 4.

les âmes des Juifs proviennent de l'esprit saint de Dieu », expose rabbi Menachem [134] ; c'est aussi la conclusion de rabbi Jalqût, qui dit : « Les Juifs seuls doivent être appelés hommes, mais les goïm, venant de l'esprit impur, n'ont droit qu'un nom de porcs [135] ».

Pour illustrer cette règle par une anecdote, le Talmud nous conte l'aventure du célèbre rabbin Ben-Sira, qui, au temps de la Captivité de Babylone, fut pris en grande amitié par Nébucadnetzar. Le roi lui donna mille preuves de sa faveur et crut un jour lui être agréable en lui proposant en mariage sa propre fille ; mais Ben-Sira, se redressant fièrement, lui dit : « Apprends, roi, que je suis un enfant des hommes, et non un animal [136] ». La fille d'un roi n'est, en effet, au point de vue talmudique, qu'une chienne ou une truie un peu plus remarquable que les autres ; un juif se dégrade en l'acceptant pour épouse.

Sur cette différence capitale entre le Juif, qui est un homme, et le non-Juifs, qui est un animal, repose toute la morale du Talmud. Les Pharisiens, qui le rédigèrent, ne pouvaient abolir tout à fait le souvenir de la loi de Moïse et des préceptes formels par lesquels le législateur hébreu ordonna à son peuple la justice et la bonté envers le prochain. Mais, grâce à la distinction formulée plus haut. Les Pharisiens purent dire qu'on avait mal compris la pensée de Moïse en entendant par « le prochain » les non-Juifs. Les préceptes charitables de Moïse gardaient donc leur valeur quand il s'agissait d'être équitable envers un Juif ou de lui venir en aide ; mais ils ne pouvaient s'appliquer à un goï, envers la vie ou le bien duquel le Juif n'a pas plus de devoirs que si ce goï avait l'aspect d'un chien ou d'un

---

134. *Comment. sur le Pentat.*, folio 14 a.
135. *Jalqût Reûbeni*, folio 10 b.
136. *Sepher Ben Sira*, folio 8.

âne. Encore la colère de Dieu ne pèse-t-elle ni sur les ânes ni sur les chiens, tandis que « la haine de Jéhovah s'est répandue sur les goïm [137] ».

Cette affirmation que Dieu hait les goïm justifie à leur égard toutes les cruautés ; car pourquoi aimer ce que Jéhovah déteste ?... C'est donc aux Goïm en général que le Talmud applique les préceptes suivants : « Vous ne leur témoignerez aucune faveur [138] » ; « Il est défendu d'avoir pitié de ceux qui n'ont point de raison [139] » ; « Il ne convient pas à l'homme juste d'être miséricordieux envers les impies [140] » ; « Vous serez pur avec les purs et pervers avec les pervers [141] ». Qu'on ne dise pas que les goïm peuvent n'être pas pervers, et même se montrer bienfaisants : il ne leur est pas permis d'être des justes, explique le Talmud. Et même, « s'il font le bien, s'ils donnent des aumôniers, s'ils pratiquaient la miséricorde, on doit les détester davantage et leur imputer cela à péché, parce qu'ils le font par vanité [142] ».

Cependant l'expérience avait déjà appris aux rédacteurs de ces sentences qu'il était imprudent de les appliquer d'une manière trop ouverte, les goïm témoignant parfois quelque mauvaise humeur de se voir ainsi traités... Aussi le Talmud a-t-il soin de compléter cet enseignement par une recommandation d'hypocrisie. « L'homme doit toujours être rusé dans la crainte de Dieu », dit-il [143] ;

---

137. *Aboda Zarab*, folio 4a ; traité *Sab.*, folio 89 a.
138. Traité *Jebammoth*, folio 23 a ; et *Piske Tosaphot* a. I.
139. Traité *Sanhedrin*, folio 92 a.
140. *Commentaire du Ier livre des Rois*, XVIII, 14.
141. *Baba Bathra*, folio 123 a ; *Bechorath*, 13 b.
142. *Baba Bathra*, folio 10 b. (Cet enseignement du Talmud explique peut-être la haine atroce dont les Juifs ont toujours poursuivi des êtres bienfaisants, que l'âme humaine est naturellement portée à respecter, les Sœurs de Charité par exemple.)
143. Traité *Berachoth*, folio 17 a.

QUELQUES PRÉCEPTES DE MORALE JUDAÏQUE

« qu'on salue donc le goï pour être en paix avec lui, pour lui devenir agréable et éviter des contrariétés [144] ». Et rabbi Bachaï ajoute [145] : « L'hypocrisie est permise en ce sens que le Juif se montre poli envers l'impie, qu'il honore celui-ci et lui dise : je vous aime ». Mais Bachaï a soin de spécifier : « Cela est permis si le Juif a besoin de l'impie ou s'il a lieu de craindre ; sinon, c'est péché [146] ». Pour mieux tromper les goïm le Juif peut même visiter leurs malades, ensevelir leurs morts, faire du bien à leurs pauvres ; mais ce doit être « *pour avoir la paix et afin que les impies ne fassent pas de mal aux Juifs* [147] ».

On se tromperait en imaginant que le Talmud se borne à ces indications générales sur la manière dont les Juifs doivent agir avec ceux qui n'appartiennent pas à leur race. Une foule de cas sont prévus, une série de commandements sont donnés, qui, partant de la distinction fondamentale entre le Juif-homme et le Goï-animal, autorisent le Juif à user comme il l'entendra de la vie et des biens du goï, qui lui appartient au même titre qu'un chien, bon à être vendu, battu ou tué à volonté.

S'agit-il, par exemple, des biens de la Terre ?... Ces biens ont été donnés, à l'homme, dit l'Écriture. Oui, mais l'homme c'est le Juif seul, explique le Talmud. Donc, le non-Juif ne saurait posséder valablement, pas plus qu'une bête fauve n'est en possession légitime de la forêt où elle se retire. De même qu'on peut, en sécurité de conscience tuer la bête fauve et s'approprier la forêt, de même on peut tuer ou chasser le goï et s'approprier son

---

144. *Ibid.* et traité *Gittin*, folio 61 a.
145. *Sepher Cad ha-kemach*, folio 30 a.
146. *Ibid.*
147. Traité *Gittin*, folio 61 a. (Ce passage du Talmud doit toujours être présent à l'esprit quand on entendra parler de secours, de fondations d'hôpitaux ou de libéralités émanant de milliardaires Juifs).

bien. « *La propriété d'un non-Juif est comme une chose abandonnée ; son véritable possesseur est le Juif qui s'en emparera le premier*[148] ».

C'est justice, disent rabbi Albo et quelques autres, « *car Dieu a donné aux Juifs pouvoir sur la fortune et sur la vie de tous les peuples*[149] » ; en sorte que « si un goï vole, même moins qu'un liard, il doit être mis à mort[150] », mais il est permis au Juif de prendre à volonté les biens du goï, car, là où il est écrit : « Vous ne ferez pas de tort à votre prochain », on ne lit pas : « Vous ne ferez pas de mal *à un goï*[151] ». C'est pourquoi un Juif ne peut être accusé de vol que s'il dépouille un autre Juif ; s'il dépouille un goï, il ne fait que prendre son propre bien. C'est ce que le Talmud exprime quand il montre rabbi Aschi disant à son serviteur : « *apporte-moi ces raisins s'ils appartiennent à un goï, mais n'y touche pas s'ils sont la propriété d'un Juif*[152] ».

Ce pouvoir souverain de ce qui est Juif sur ce qui ne l'est pas s'étend même jusqu'aux animaux du Juif. Le Talmud dit, en effet : « Si le bœuf d'un Juif frappe le bœuf d'un goï, le Juif sera libre ; mais si le bœuf d'un goï fait du mal au bœuf d'un Juif, le goï devra payer au Juif tout le dommage, *car Dieu a mesuré la terre et il a livré les goïm à Israël*[153] ».

Ce précepte de droit public serait peut-être assez difficile à faire admettre par les goïm si on le leur exposait brutalement. Aussi le Talmud conseille-t-il un cer-

---

148. *Baba Bathra*, folio 54 b. *Choschen Mischpat*, 156, I.
149. *Sepher Haikarim*, III, 25 ; *Jalqût Siméoni*, folio 87, col. 3.
150. Traité *Jebammoth*, folio 47 b.
151. Traité *Sanhédrin*, folio 57 a.
152. Traité *Baba Kamma*, folio 113 b.
153. Traité *Baba Kamma*, folio 37 b.

tain nombre de moyens détournés pour arriver au but final qu'il assigne aux fils d'Israël : *la dépossession des goïm dans le monde entier.* Le plus recommandé de ces moyens est l'usure. Moïse avait admis (DEUTÉRONOME, XXIII, 30) le principe du prêt à intérêts. Le Talmud s'empare de cette autorisation et il l'interprète de manière à en faire une arme de guerre contre les non-Juifs : « Dieu a ordonné de pratiquer l'usure envers un goï et de ne lui prêter de l'argent qu'à intérêts, en sorte qu'au lieu de lui accorder du secours nous devons lui faire du tort, même s'il nous est utile ; tandis qu'envers un Juif nous ne devons pas en agir ainsi [154] ». Le célèbre rabbi Bachaï reconnaît que cette interprétation de l'Écriture est nouvelle, mais il n'hésite pas à se rallier au Talmud de préférence à la Bible, et il dit de l'impie : « *Sa vie est dans ta main, ô Juif, à plus forte raison son argent* [155] ».

C'est cette doctrine de l'usure obligatoire envers les non-Juifs qui a commencé l'enrichissement d'Israël, et lui a valu, par contre, tant d'orages, depuis le Moyen Age jusqu'à nos jours. A certaines époques, l'usure juive atteint des proportions qui seraient invraisemblables si elles n'étaient attestées par des documents formels. On trouve notamment dans l'*Histoire de la Réforme en Allemagne,* de Janssen, les délibérations de la Diète d'Allemagne défendant aux Juifs de prêter à plus de 43% par an, alors que ceux-ci, grâce au prêt au mois et à la semaine, arrivaient à prêter à 300, 400 et même 600% par an. De nos jours, ces intérêts fantastiques sont presque atteints par l'usure juive en Russie, en Roumanie, en Pologne autrichienne. Le traité Baba Mezia insiste beaucoup sur cette nécessité de l'usure, et il recommande au Juif de faire, dans sa fa-

---

154. Maïmonide, *Sepher Mizv.,* folio 73, 4.
155. *Explic. du Pentat.,* folio 213, 4.

mille, des prêts usuraires à ses enfants, afin que ceux-ci puissent « savourer le goût de l'usure[156] » et s'habituer de bonne heure à la pratiquer.

A l'époque où Philippe III d'Espagne était sur le point de libérer son pays des Juifs en les chassant en masse, le célèbre rabbin Abravanel, ministre des finances du royaume, essaya de concilier à ses frères l'indulgence du Roi en enrichissant le Talmud de commentaires dans le goût de celui-ci : « Parmi les étrangers envers lesquels il nous est permis de pratiquer l'usure, il ne faut pas comprendre les Chrétiens, car ceux-ci ne sont pas des étrangers aux yeux de notre Père céleste[157] ». Mais cette hypocrisie n'ayant pas eu de succès, Abravanel, réfugié à Venise, déclara qu'il avait donné une interprétation volontairement fausse du Talmud en exceptant les Chrétiens de la loi d'usure, qu'il s'était seulement proposé de permettre aux Juifs de rester en paix en Espagne, et qu'il se ralliait au fond de son cœur à l'enseignement traditionnel de la Synagogue[158]. Le savant rabbin avait, on le voit, usé largement de la permission d'hypocrisie que le Talmud lui donnait.

A côté de l'usure, le Talmud recommande aussi, contre les non-Juifs, toutes les variétés de la fraude et du vol. Un goï a-t-il perdu un objet ou une bourse ? Le Juif doit s'en emparer, car il est écrit : « Il est défendu de rendre au goï ce qu'il a perdu ; celui qui rend au goï ce qu'il a perdu ne trouvera pas grâce devant Dieu[159] » Rabbi Raschi estime que « rendre à un goï ce qu'il a perdu c'est

---

156. *Baba Mezia*, folio 75 a.
157. Abravanel, *Commentaire sur le Deutéronome*, folio 72 a.
158. Abravanel, *Maschmia Jeschna*.
159. Traité *Sanhédrin*, folio 76 b ; *Baba Kamma*, folio 113 b ; *Sepher Mizvot Gaddol*, folio 132, col. 3.

estimer l'impie à l'égal de l'Israélite (160) », c'est pécher par conséquent. « Celui qui rend au non-juif une chose perdue commet un péché, puisqu'il fortifie la puissance des impies (161) », dit Maïmonides. Et rabbi Jérucham ajoute : « Si un goï possède un billet d'un Juif, attestant qu'il a prêté de l'argent à ce Juif, et que le goï vienne à perdre son billet, le Juif qui le trouvera ne doit pas le rendre au goï, parce que l'obligation de son frère en Israël a cessé dès l'instant où lui-même a trouvé le billet. Si cependant le Juif qui a trouvé le billet voulait le rendre au goï, il faut l'en empêcher en lui disant : Si tu veux sanctifier le nom de Dieu, fais-le avec ce qui t'appartient (162) ! »

Conseil en parfaite harmonie avec toute la morale du Talmud, puisque le goï n'a pas le droit à la propriété, qui n'appartient qu'aux seuls Juifs. Un Juif qui emprunte de l'argent à un goï ne fait donc que recevoir son propre bien, et il y a abus quand le goï lui réclame ensuite restitution. Or, fournir au goï le moyen d'obtenir restitution, c'est voler le Juif, puisque celui-ci, au nom de sa morale, ne doit rien. Rabbi Jérucham a donc raison, au point de vue talmudique, quand il dit que celui qui a trouvé le billet doit en rembourser lui-même le montant, s'il tient à ce que le goï touche sa créance... Mais quelle clarté cette exégèse rabbinique jette sur la moralité des Juifs en matière d'emprunts, et comme on s'explique les fructueuses razzias auxquelles donnent lieu les émissions, chères à la Haute Banque juive !

Mêmes préceptes en matière commerciale : « Il est permis », dit le Talmud, « de pratiquer l'usure envers un Goï et aussi de le tromper par fraude, mais si vous

---

160. Traité *Sanhédrin*, 1, c.
161. *Jad Chaz. hil Gez.*
162. *Nethib*, IV.

vendez quelque chose à votre prochain (c'est-à-dire à un Juif) ou si vous achetez quelque chose de lui, il ne vous est pas permis de le tromper[163] ». Et il en propose plusieurs exemples, empruntés à la vie des plus grand docteurs talmudistes. C'est ainsi que le célèbre rabbi Samuel, ayant rencontré un goï possesseur d'un flacon en or fin, lui persuada qu'il n'était qu'en cuivre jaune et le lui acheta quatre drachmes (2fr. 80) ; encore eut-il soin de lui escamoter une drachme en le payant[164]. Même procédé avec rabbi Cahana, qui, ayant acheté cent vingt tonneaux de vin à un goï, lui fit croire qu'il n'en avait reçu que cent, et n'en paya que cette quantité. Non moins subtil, un autre rabbin avait vendu des palmiers à un goï, et celui-ci les avait comptés avec soin ; le Juif envoya le nuit son domestique rogner le tronc des palmiers en disant : « le goï en connaît bien le nombre, mais il n'en sait pas la longueur ».

Parlons maintenant des erreurs que le goï peut commettre à son propre désavantage dans la conclusion d'une affaire. Rabbi Mosès dit expressément : « Si, en faisant un compte, le goï s'est trompé, que le Juif dise : Je n'en sais rien ! Mais je ne conseille pas d'induire le goï en erreur, car celui-ci pourrait bien commettre l'erreur à dessein, afin d'éprouver le Juif[165] ». Impossible d'être plus prudent dans la malhonnêteté. Comme on comprend, après cela, que le vieux rabbi Brentz écrive : « Si des Juifs ont voyagé toute une semaine, et qu'ils aient trompé les Chrétiens à droite et a gauche, qu'ils s'assemblent au Sabbat et se glorifient de leur adresse en disant : Il faut

---

163. Traité *Baba Mezia*, folio 61 a ; Traité *Bechoroth*, folio 13 b.
164. Traité *Baba Kamma*, folio 113 a.
165. *Sepher Mizvoth Gaddol*.

arracher le cœur aux goïm et assommer le meilleur des Chrétiens [166] ».

Inutile d'ajouter que si la législation du pays permet à des Juifs d'exercer quelque autorité sur les goïm, cette autorité doit être mise au service d'Israël. C'est ainsi que les magistrats juifs doivent faire en sorte de donner gain de cause à leurs frères, quel que soit le mauvais cas dans lequel ceux-ci se seraient mis. C'est ce que le Talmud exprime par ce passage : « Si un Juif a un procès contre un non-Juif, vous donnerez gain de cause à votre frère, et vous direz à l'étranger : Ainsi le veut notre loi ! Si les lois du pays sont favorables aux Juifs, vous donnerez encore gain de cause à votre frère et vous direz à l'étranger : Ainsi le veut votre loi ! Mais, lorsque ni l'un ni l'autre de ces cas n'existe, il faut tourmenter l'étranger par des intrigues jusqu'à ce que le Juif ait gagné sa cause [167] ». Rabbi Akiba, à qui l'on doit ce précepte, ajoutait qu'il fallait avoir soin de ne pas ébruiter le déni de justice, pour que les Juifs ne soient pas discrédités.

Quand il n'y aurait que cette raison pour que l'accès des fonctions judiciaires et administratives soit, dans tous les pays, refusé aux Juifs, elle suffirait largement.

---

166. *Judenbalg*, 21.
167. Traité *Baba Kamma*, folio 113 a.

Quentin Massys, *L'usurier et sa femme* (1514)
Huile sur panneau, 71 x 68 cm
Musée du Louvre, Paris.

CHAPITRE X

Autres préceptes de morale judaïque

La même distinction fondamentale entre le Juif-homme et le Goï-animal, qui a déjà servi pour mettre les biens des non-Juifs à la disposition d'Israël, sert également pour donner au Juif droit de vie et de mort sur le goï. C'est ce que professe Maïmonides, dans les termes suivants : « La défense : Vous ne tuerez point ! signifie qu'il ne faut pas tuer un fils d'Israël ; or, les goïm et les hérétiques ne sont pas des fils d'Israël [168] ». On peut donc les tuer avec sérénité pour peu qu'on en ait envie. Mieux encore, c'est un devoir de le faire quand cela se peut sans danger, car il est dit : « Il faut tuer le plus honnête parmi les idolâtres [169] » et encore : « Si l'on retire un goï de la fosse dans laquelle il est tombé, on entretient un homme

---

168. *Jad Chag., hilch Rozeach* et *hilch Melachim*.
169. *Aboda Zara*, folio 26 b ; *Masech, Sopharim, Perek* 15

dans l'idolâtrie [170] ». Maïmonides précise : « Il est défendu d'avoir pitié d'un idolâtre quand on le voit périr dans un fleuve ou ailleurs. S'il est prêt de périr, on ne doit pas le sauver [171] ».

Semblable est l'enseignement de tous les docteurs du Talmud et notamment d'Abravanel. Celui-ci ordonna expressément « de haïr, de mépriser et d'anéantir [172] » quiconque n'appartient pas à la Synagogue ou se sépare d'elle. « Si un hérétique tombe dans un fossé », est-il dit ailleurs, « on ne l'en retire pas ; si un escalier se trouve dans la fosse, on l'ôte et on dit : Je le fais afin que ma bête n'y descende pas ! Si une pierre se trouvait sur le trou, on l'y remet de nouveau en disant : J'agis ainsi, afin que ma bête ne puisse pas y passer [173] ». Enfin, le Talmud trouve cette formule, dans laquelle revit le frémissement barbare des anciens Juifs Molochistes, et qui explique parfaitement les crimes rituels, si fréquents dans l'histoire d'Israël : « *Celui qui fait couler le sang des goïm offre un sacrifice à Dieu* [174] ».

Le mérite qu'il y a à vouloir tuer un goï est assez grand pour qu'on excuse celui qui se trompera et tuera un Juif par méprise. En effet : « Celui qui veut tuer un animal et qui, par mégarde, tue un homme, ou celui qui veut tuer un goï et qui, par erreur, tue un Juif, n'est pas coupable et

---

170. *Aboda Zara*, folio 20 a.
171. *Jad Chaz., hilch Aboda Zara*. (Cette prescription est si exactement appliquée par les Juifs qu'on serait fort en peine de citer un seul cas de sauvetage de Chrétiens opéré par un fils d'Israël.)
172. *Rosch Emmûnnâ*, folio 9 a.
173. *Aboda Zara*, folio 26 b.
174. *Jalkût Simeoni, ad Pentat.* folio 245, col. 3 ; *Midderach Bamidebar rabbâ*, p. 21 (Le sang de milliers d'enfants chrétiens suppliciés rituéliquement par les Juifs a illustré cette sentence du Talmud, depuis le crime rituel de Blois, en 1071, jusqu'au récent crime de Kieff).

AUTRES PRÉCEPTES DE MORALE JUDAÏQUE

ne mérite pas d'être puni[175] ». Mais le goï qui tue volontairement un Juif est « aussi coupable que s'il avait tué le monde entier[176] ». Un goï qui blasphème, abuse d'une femme, ou tue un autre goï, doit être considéré comme innocent pourvu qu'il devienne prosélyte juif. Mais s'il a tué un Juif, peu importe qu'il se fasse circoncire : il doit être mis à mort[177].

Si les biens et la vie du goï sont à la disposition du Juif, on pense bien que ce dernier n'est pas tenu à plus de réserve en ce qui concerne les femmes des non-Juifs. En effet, Moïse a dit : « Tu ne convoiteras pas la femme de ton prochain », mais la femme du prochain c'est la femme du Juif seul. Les plus savants docteurs, rabbi Raschi, rabbi Bachaï, rabbi Lévy ben Gerson, sont d'accord pour proclamer qu'il n'y a pas d'adultère là où il n'y a pas de mariage ; or les goïm, simple variété d'animaux, ne sauraient valablement pratiquer le mariage, qui est d'institution divine. C'est aussi l'avis de rabbi Maïmonides, qui conclut : « Il est permis d'abuser d'une femme non-juive[178] ». Aussi le Talmud est-il plein des récits les plus licencieux, et même les plus répugnants, dans lesquels des rabbins illustres (rabbi Eliezer, rabbi Nachman, rabbi Akiba, rabbi Meïr, rabbi Tarphon) jouent un rôle impossible à apporter ici, mais qui leur vaut les éloges gaillards de la Synagogue[179].

---

175. *Traité Sanhédrin*, folio 78b.
176. *Traité Sanhédrin*, folio 37a.
177. *Traité Sanhédrin*, folio 71b.
178. *Jad Chaz, hilch Melachim*
179. Voir notamment : *Traité Jommà*, folio 18b ; *Traité Aboda Zara*, folio 17a ; *Traité Quiddùschin*, folio 81a ; *Traité Sanhédrin*, folio 22b ; *Traité Nazir*, folio 223 ; *Traité Sotà*, folio 10 ; *Traité Moëd Kattân*, folio 18 ; etc.

Il y a mieux, et le Talmud autorise formellement les pratiques contre nature. « L'homme », dit-il, « peut faire de sa femme tout ce qu'il lui plaira, comme avec un morceau de chair venant du boucher, qu'on peut manger rôti ou bouilli, selon qu'on le préfère ». Et il cite à l'appui la sentence d'un rabbin à qui une femme se plaignait des habitudes sodomitiques de son mari : « Ma fille, je ne puis pas vous venir en aide, car la Loi vous a sacrifiée ». Ce n'est pas seulement dans les anciennes éditions du Talmud que se trouve cette doctrine ; elle figure encore dans l'édition de Varsovie, en 1864 (traité *Nedarim*, folio 20b.), et fait toujours partie de l'enseignement de la Synagogue. Enfin, le Talmud contient des passages d'une telle obscurité et d'un caractère si odieux que nous ne saurions les reproduire ici autrement qu'en latin[180].

Cette morale donne évidemment aux Juifs le droit de se montrer sévères envers les Chrétiens, dont la religion n'honore rien tant que la pureté. Aussi, dès les premiers âges du Talmud, ceux qui le rédigeaient eurent-ils soin de spécifier que les crimes de meurtre, de sodomie et de bestialité étaient habituels aux Chrétiens et formaient le fond de leur enseignement[181]. Les Chrétiens sont, d'ailleurs, d'après le Talmud, de simples idolâtres[182], auxquels il faut appliquer avec rigueur tous les textes qui frappent l'idolâtrie. Ils sont même plus coupables que les autres idolâtres, parce qu'ils adorent comme Dieu un Juif

---

180. Traité *Niddâ*, folio 47 b : *Filia 3 annorum et dici umus, deponsatur per coïtum ; si autem infra 3 annos sit, perinde est, ac si quis digitum inderet in oculum (i. e. non est reus laesac virginitatis ; quia signaculum recrescere, sicut oculus tactu digitu ad momentum tantum lacrimatur.)*
181. *Aboda Zara*, folios 25b et 26a ; *Tosaphot*, folios 2a, 14b, 21a ; etc., etc. Voir aussi les accusations colportées par les messagers du Sanhédrin, Chapitre IV ci-dessus.
182. *Aboda Zar*a, folio 2 a.

AUTRES PRÉCEPTES DE MORALE JUDAÏQUE

impie et renégat, qui a pratiqué des sortilèges [183], et dont il convient de remplacer le nom, quand on parle de lui, par les mots : « Celui dont la mémoire soit anéantie [184] ». C'est pourquoi rabbi Raschi s'écrie, après tant d'autres : « *Il faut égorger le meilleur parmi les Chrétiens* [185] ».

Cette accusation d'idolâtrie portée contre les Chrétiens revient constamment dans le Talmud et s'applique surtout à l'Eucharistie. S'agit-il de louer une maison à des Chrétiens, le Talmud autorise le Juif à le faire, parce que, dit-il, « ils ne conservent pas leur idole dans leur maison d'une manière permanente, mais ils l'apportent seulement quand l'un des leurs est sur le point de mourir [186] ». S'agit-il du dimanche, c'est « la fête des idolâtres [187] ». Rabbi Maïmonides, rabbi Kimchi, d'autre encore, échafaudent d'invraisemblables généalogies pour démontrer que les Chrétiens sont doublement idolâtres, parce que adorateurs de Jésus de Nazareth et parce que descendants des Cananéens idolâtres. Par exemple : « Les habitants de l'Allemagne sont des Cananéens ; lorsque les Cananéens fuyaient devant Josué, ils se retirèrent dans le pays qu'on nomme maintenant Allemagne [188] ».

Quant à Jésus-Christ, nous avons vu plus haut, comment il est parlé de lui dans le Talmud et quelle place celui-ci lui assigne en enfer. La Bienheureuse Vierge Marie n'est naturellement pas mieux traitée et les écrivains rabbiniques ne la désignent que par l'épithète ignominieuse

---

183. *Aboda Zara*, folio 27 b.
184. *Aboda Zara*, folio 17 a.
185. *Commentaire sur l'Exode* (édition d'Amsterdam)
186. *Aboda Zara*, folio 21 a.
187. Traité *Aboda Zara*, folios 6 a, 7 b ; Raschi : *Commentaire sur ce traité* folio 6 a ; Maïmonides : *Jad Chaz. hilch Aboda Zara* ; etc.
188. *Commentaire sur Obadj*, I, 20.

de « *Charja* [189] ». La quantité de blasphèmes, d'outrages, de récits injurieux contre le Christ, la Vierge et les Saints, qui se trouve dans le Talmud, est, d'ailleurs prodigieuse. Un arsenal infâme fut constitué par les écrits des rabbins des premiers siècles après Jésus-Christ, et augmenté ensuite d'âge en âge. C'est dans cet arsenal que sont venus puiser tous les ennemis du Christianisme, ainsi que le constate un Juif célèbre, Bernard Lazare, l'organisateur de l'Affaire Dreyfus, dans le passage suivant :

« Dans le terrible anti-christianisme du dix-huitième siècle, il importerait d'examiner quel fut l'apport, je ne dis pas du Juif, mais de l'esprit juif. Il ne faut pas oublier qu'au dix-septième siècle les savants, les érudits, comme Wagenseil, comme Bartolocci, comme Buxtorf, comme Wolf, firent sortir de l'oubli les vieux livres de polémique hébraïque, ceux qui attaquaient la Trinité, l'Incarnation, tous les dogmes et tous les symboles, avec l'âpreté judaïque et la subtilité que possédèrent ces incomparables logiciens que forma le Talmud. Non seulement ils publièrent les traités dogmatiques et critiques, mais encore ils traduisirent les libelles diffamatoires, les vies de Jésus, comme le *Toledot Jeschu*, et les légendes irrespectueuses des Pharisiens du deuxième siècle, qu'on retrouve à la fois dans Voltaire et dans Parny [190] ».

C'est après avoir approuvé ces outrages aux Chrétiens que rabbi Maïmonides, l'aigle de la Synagogue, concluait : « *Il est ordonné d'assassiner et de jeter dans la fosse de perdition les traître en Israël et les hérétiques, tels que Jésus de Nazareth et ses adhérents* [191] ». Avant lui, le trai-

---

189. En latin, « *Stercus* ».
190. Bernard Lazare : *L'Antisémitisme*, p. 337.
191. *Jad Chaz. nilch Adoza Zara*, Perck 10.

AUTRES PRÉCEPTES DE MORALE JUDAÏQUE

té *Aboda Zara* avait déjà édicté[192], qu'un Juif est toujours en droit de courir sus aux Chrétiens et de les tuer à main armée. Quant aux Juifs qui en auraient le pouvoir, en raison des fonctions qu'ils détiennent, ils ont le devoir impérieux de faire mettre publiquement tous les Chrétiens à mort, sous un prétexte quelconque[193]. C'est sans doute au nom de ces préceptes qu'Israël a travaillé à se faire reconnaître, dans les pays chrétiens, les droits politiques et l'accession à toutes les fonctions publiques...

Loin de leur ouvrir ces fonctions, la prudence exigerait même qu'on priva les Juifs d'une grande partie des droits civils. En effet, la formation que les Pharisiens ont donné par le Talmud, au peuple juif, est telle qu'il est impossible de reconnaître au Juif l'égalité en bien des matières. Au point de vue judiciaire, par exemple, le serment d'un Juif ne devrait jamais être pris en considération dans une affaire où un non-Juif est en cause. La raison en est : d'abord, que le Talmud autorise à considérer les biens et la vie du goï comme étant à la disposition du Juif ; ensuite, qu'il donne au Juif toute licence de se parjurer, en justice ou autrement, pour nuire au goï.

Cette particularité juive était jadis si bien connue que les tribunaux n'admettaient le serment des Juifs que lorsqu'il était prononcé *more judaïco*, c'est-à-dire avec accompagnement des malédictions terribles dont la Synagogue entoure la prestation d'un serment entre Juifs. L'intention qui dictait cette prescription légale était excellente, mais nous sommes d'avis qu'elle ne suffisait pas à assurer la sincérité du serment prêté par un Juif. En effet, le Talmud contient des conseils et des exemples tels qu'un fils d'Israël peut, en sécurité de conscience, et après

---

192. Folio 4 b.
193. *Jore Deâ*, 158 ; *Choschen Mischpat*, 425.

avoir juré *more judaïco*, faire condamner un Chrétien innocent ou acquitter un Juif coupable.

Tout d'abord, le Talmud pose en fait qu'il n'y a pas parjure lorsque le Juif complète son serment par une restriction mentale, qui peut en changer complètement la signification. Et il cite l'exemple suivant. Rabbi Jochanan reçut d'une noble dame la confidence d'un secret, mais il dut tout d'abord jurer de ne pas le révéler. « Au Dieu d'Israël, je ne le révélerai pas ! » déclara le rabbin. La dame crut qu'il s'engageait à ne rien révéler *même* au Dieu d'Israël ; or, rabbi Jochanan avait ajouté mentalement : « mais je le révélerai au peuple d'Israël ». En sorte qu'il put révéler le secret sans parjure, adresse dont le Talmud le loue hautement[194]...

Plus simple encore était le procédé de rabbi Akiba, le second Moïse, dont il est dit qu'il prêta serment, tout en pensant au fond de lui-même : « ce serment n'est pas valable ! », ce qui suffit à mettre sa conscience en repos[195]. Le Talmud autorise à agir de même chaque fois qu'une autorité quelconque, parmi les goïm, oblige un Juif à prêter serment. Un Juif est-il inculpé d'un crime capital ? Si un autre Juif est contraint de témoigner sur ce qu'il sait de l'affaire, il a le droit de faire un faux serment, en usant de la restriction mentale, afin d'innocenter son frère[196]. Un prince goï demande-t-il a un Juif de jurer qu'il ne sortira pas du pays ? Le Juif doit penser : « aujourd'hui, je ne partirai pas ! » Le prince exige-t-il que le Juif jure de ne

---

194. Traité *Aboda Zara*, folio 28 a ; et traité *Jommâ*, folio 84 a. Il n'est pas mauvais de faire remarquer que les écrivains juifs ou judaïsants ont toujours accusé les Jésuites d'avoir imaginé l'usage de la restriction mentale. Ignace de Loyola vécut pourtant quelque douze siècles après la rédaction de ces deux traités du Talmud.
195. Traité *Callâ*, 2.
196. *Jore Deâ*, CCXXXII, 12 et 14.

s'enfuir jamais ? Le Juif doit ajouter mentalement : « oui, mais à telle condition ! » et choisir une condition impossible[197]. De cette manière, il pourra quitter le pays sans parjure.

Le Talmud prend, d'ailleurs, soin d'ajouter :« Tout cela ne doit se faire que pour le cas ou l'on peut manquer à son serment sans que les goïm s'en doutent ; si les goïm peuvent l'apprendre, c'est défendu, afin que le nom de Jéhovah ne soit pas profané. » On comprend qu'une telle atténuation ne soit pas de nature à nous rassurer grandement sur la valeur du serment prêté par un Juif, en justice ou ailleurs...

Quant à la précaution de faire précéder le serment par les malédictions rituéliques en usage à la synagogue, elle n'offre aucune sécurité. En effet, il ne faut pas perdre de vue que le Juif est profondément convaincu que le goï n'est qu'un animal, qui usurpe l'apparence et les droits des hommes véritables. Qu'un goï ait été tué, et le Juif peut toujours jurer que le *sang humain* n'a pas été répandu ; qu'un goï ait été volé, et le Juif peut affirmer qu'il n'en est rien — puisque le Juif seul a le droit de jouir de sa propriété et que le goï n'est que le dépositaire momentané de son propre bien. La seule prescription véritablement efficace serait donc l'interdiction légale d'attacher au témoignage du Juif la même valeur qu'au témoignage d'un Chrétien, d'un Musulman, ou même d'un Païen.

Cette précaution est d'autant plus nécessaire que la Synagogue a institué une fête annuelle, le *Yom Kippour*, ou *Grand Pardon*, pour délier par avance tous les Juifs des serments qu'ils pourront faire dans l'année, même avec l'intention de les tenir et sans restriction mentale. Ce jour-la, dans tous les pays où sont établis les Juifs, c'est-à-

---

197. *Hagahoth Aschari.*

dire dans le monde entier, la population hébraïque se rassemble autour de la Synagogue ; et, a l'heure où parait au ciel la première étoile, le Grand Rabbin, ou celui qui préside la fête à sa place, proclame d'une voix retentissante ce qui suit : « Que tous les vœux et toutes les obligations, toutes les peines et tous les serments que nous vouerons et jurerons, depuis ce jour du Grand Pardon jusqu'au même jour de l'an prochain, soient remis, anéantis, qu'ils soient sans force et sans valeur. Nous voulons que nos vœux ne soient pas des vœux et que nos serments ne soient pas des serments[198] ».

Il est impossible de dire plus nettement que le serment du Juif est sans valeur à ses propres yeux. Pourquoi aurait-il une valeur aux yeux des non-Juifs ?...

---

198. Voir le *Juif Talmudiste*, Bruxelles, 1888, p. 49.

CHAPITRE XI

Valeur actuelle du Talmud

C'EST une tâche difficile que celle d'exposer à nos amis la doctrine pharisienne du Talmud et de leur montrer les périls que cette doctrine fait courir à notre civilisation. En effet, ceux-là même d'entre nous qui sont des Chrétiens tièdes et indifférents sont, à leur insu, tellement pénétrés des enseignements de l'Église du Christ, qu'ils ne peuvent concevoir une religion reposant sur des bases morales exactement contraires à celles que le Christianisme a consacrées. Toute doctrine religieuse, leur semble-t-il, doit avoir pour but la culture des instincts bons de l'âme et le salut personnel par la pratique des vertus. La fantaisie humaine a bien pu, selon les climats, broder des variations sur ce thème divin ; elle n'en a pas modifié l'essence. Voilà ce que, par instinct, beaucoup de nos compatriotes sont disposés à croire ; et leur opinion erronée est un hommage involontaire rendu au Christianisme, puisque c'est lui qui a tué en eux jusqu'à la possibilité de croire qu'une religion pourrait ne pas avoir le Bien pour but.

Il y a pourtant eu dans les civilisations antiques, comme nous l'avons rappelé au début de cet ouvrage, des religions ayant pour but le Mal, honoré notamment sous la forme de la Cruauté et de la Luxure. Il y a même, encore aujourd'hui, un certain nombre de ces religions de ténèbres, pratiquées surtout en Afrique et dans les contrées les plus reculées de l'Asie. Mais ce que l'on est disposé à admettre quand il s'agit des hommes d'il y a trois mille ans, ou des sauvages du Congo et de la Polynésie, on hésite à le croire possible des Juifs — des Juifs campés au milieu de nous, mêlés à notre vie publique et privée, exerçant dans notre civilisation moderne des professions telles que celles de magistrat, d'officier, de fonctionnaire, d'avocat, de médecin, voire de commerçant et d'industriel, professions que nos conceptions traditionnelles ne nous permettent pas de séparer d'un idéal de dévouement au bien public, ou tout au moins d'honneur et de probité.

Il faut un effort de volonté pour comprendre que ce peuple, qui nous pénètre et s'assimile extérieurement à nous, a une loi morale et religieuse qui n'est pas seulement étrangère à celle des peuples chrétiens, mais qui en est la négation, la contradiction permanente, qui dit « *égorge !* » là où la loi chrétienne dit « tu ne tueras point », « *voles !* » là où elle dit « tu ne déroberas point », « *mens !* » là où elle dit « tu ne feras point de faux témoignages ».

La conviction est d'autant plus difficile à se créer qu'une équivoque existe. La loi du Christ n'est que le complément de la loi de Moïse, et les Juifs, depuis le

VALEUR ACTUELLE DU TALMUD

Déicide jusqu'à nos jours, n'ont pas cessé de se réclamer publiquement des enseignements mosaïques. *S'ils le font à bon droit*, comment admettre la perversité foncière de leurs croyances, puisque la source en est indiscutablement pure ?... Ce raisonnement a maintes fois troublé même les anti-juifs les plus indignés par les doctrines contenues dans le Talmud[199].

C'est pour supprimer définitivement cette équivoque que nous avons fait précéder notre reproduction des textes talmudiques par un abrégé historique sur la secte Pharisienne, qui a rédigé le Talmud. Ceux qui nous ont fait l'honneur de nous lire savent maintenant qu'il n'y a rien de commun entre la loi de Moïse, religion ancienne du peuple juif, et la loi talmudique, religion moderne de ce même peuple. A la loi de justice et d'amour que les prophètes, pendant quinze cents ans, avaient prêchée, l'action cinq fois séculaire de la société secrète pharisienne substitua peu à peu une doctrine de haine et d'iniquité. Et, depuis le Déicide, c'est cette loi d'iniquité seule qui est prêchée, enseignée et révérée dans les Synagogues de l'ancien peuple de Dieu.

---

199. Les Juifs excellent, d'ailleurs, à jouer de cette équivoque. C'est ainsi que M. Salomon Reinach, dans son étude sur le crime rituel, dit qu'il est impossible que les Juifs le commettent, « parce que la loi de Moïse leur défend de manger le sang, même celui des animaux ». M. Salomon Reinach est un savant talmudiste : il sait, par conséquent, que la Synagogue subordonne la Bible au Talmud, en vertu du texte « la Bible ressemble à l'eau, la *Mischna* au vin et la *Ghémara* au vin aromatique ». Or le Talmud, comme on l'a vu au chapitre précédent, *permet et même recommande le crime rituel*. M. Salomon Reinach n'est pas embarrassé pour si peu. Il se dit que l'immense majorité de ses lecteurs n'ira pas consulter le texte talmudique qui anéantit sa thèse, et il parle seulement de la loi de Moïse, qui est connue de tous. Une fois de plus, l'équivoque aura fait son office.

Nous ne nous dissimulons pas cependant que notre tâche n'est pas encore achevée, car il est encore deux objections qu'on peut nous faire.

La première objection est que le Talmud, pour abominable qu'il soit, est un monument ancien, qui peut n'être plus entouré par la Synagogue que d'une vénération traditionnelle, exempte de tout souci d'application de ses doctrines ; dans ce cas, le peuple Juif ne serait pas nécessairement perverti par le Talmud, ni constitué par lui en ennemi permanent et acharné de toutes les nations.

La seconde objection est que, même si la Synagogue moderne adopte tous les enseignements du Talmud et lui subordonne la formation morale du peuple Juif, il est toujours possible à des individualités vertueuses de redresser l'enseignement reçu et sans pour cela rompre avec le Judaïsme, de conformer leur conduite publique et privée aux règles de la probité et de l'honneur.

Nous allons examiner, dans ce dernier chapitre, l'une et l'autre de ces objections.

Que le Talmud soit, pour les Juifs modernes, quelque chose de vénéré parce qu'antique, mais de vermoulu et de périmé, c'est ce qui ne saurait être sérieusement soutenu. Les témoignages abondent, au contraire, qui prouvent que les Juifs contemporains ont pour le Talmud, sa morale et ses enseignements, le même respect absolu que les Juifs du Moyen-Age. Nous avons déjà cité (chapitre VI) l'organe du judaïsme réformateur, les Archives Israélites, déclarant : « Quant au Talmud, nous reconnaissons sa supériorité absolue sur la *Bible de Moïse*[200] ». Nous pourrions citer également l'organe du judaïsme conservateur, l'*Univers Israélite*, déclarant, par la voix du grand rabbin

---

200. Voir ci-dessus la note 72.

VALEUR ACTUELLE DU TALMUD

R. Trenel, directeur du Séminaire Rabbinique[201] : « Le Talmud a eu de tout temps des détracteurs violents et des apologistes passionnés. Pendant deux mille ans, il a été, ET EST ENCORE, un objet de vénération pour les Israélites, DONT IL EST LE CODE RELIGIEUX. D'autre part, il a servi souvent de texte aux renégats et autres calomniateurs de notre culte, qui ont puisé dans cet arsenal des armes pour nous combattre ». Les deux grandes tendances qui partagent le Judaïsme sont donc d'accord pour élever sur un piédestal le Talmud et sa doctrine. Quant aux Sionistes, qui prêchent la restauration d'un État juif, de préférence en Palestine, ce sont des talmudistes frénétiques et qui se font gloire de l'être.

Voici donc la première objection écartée : le Talmud, qui ridiculise le Dieu traditionnel d'Israël ; le Talmud, qui nous restitue la pensée occultiste et panthéiste des Pharisiens ; le Talmud, qui prêche la haine du non-Juif et permet contre lui la fraude, le vol, le meurtre et le parjure : le Talmud est toujours le code religieux des Juifs ; c'est lui qu'on enseigne dans les séminaires hébraïques et qu'on commente le samedi à la Synagogue, c'est lui dont on pétrit l'âme des enfants Juifs. Cela explique bien des choses...

Reste la deuxième objection : un Juif honnête peut toujours, appuyé sur sa conscience, résister aux suggestions perfides du Talmud et n'agir que selon les lois de la probité et de l'honneur.

Nous ne nions point d'une façon absolue cette possibilité. Mais nous savons *qu'une telle indépendance à l'égard de la loi religieuse d'Israël serait de nature à créer à un Juif les plus graves difficultés et à lui faire courir de véritables périls.*

---

201. *Univers Israélite*, juin 1867, p. 452.

Il ne faut pas oublier, en effet, que le peuple Juif, au sein de chacun des pays qu'il habite, est groupé en un certain nombre de communautés, beaucoup plus homogènes et plus fortement organisées que celles des autres confessions religieuses, qui n'ont pas, comme lui, l'avantage d'être doublées par une nationalité. Ces communautés ont sans doute un but religieux ; mais elles assument aussi la tâche de maintenir, malgré la dispersion, l'unité nationale juive, et leur administration revêt, par conséquent, un caractère d'autorité exceptionnellement forte. Le Juif qui se dérobe ouvertement à cette autorité est considéré à la fois comme un apostat au point de vue religieux et comme un traître au point de vue national. La Synagogue le frappe aussitôt de l'Excommunication juive, laquelle est la plus sévère qui ait jamais été édictée par une secte religieuse.

Le Talmud [202] a réglé les cas où cette excommunication doit être prononcée et les conséquences qu'elle entraîne. Un Juif peut être excommunié pour résistance aux ordres de son rabbin, pour mépris témoigné aux observances religieuses, pour poursuites exercées contre un autre Juif devant un tribunal non-Juif, pour témoignage, même scrupuleusement véridique, porté contre un coreligionnaire, etc. L'excommunication a trois degrés. Le troisième et dernier comportait la mort par lapidation, infligée par toute la communauté judaïque ; mais l'on conçoit que cette coutume, dont l'application n'est pas sans exemples à l'époque des Princes de la Captivité, soit tombée en désuétude dans l'état actuel des législations chrétiennes et musulmanes. Il n'est donc plus question aujourd'hui que du premier degré d'excommunication, ou *Niddui*, et du second, ou *Hérem*.

---

202. *Jore Déa*, 334, 43, et *Sepher Reschith Chokhmà*.

VALEUR ACTUELLE DU TALMUD

Le *Niddui* a pour effet de séparer du monde celui qui en est frappé ; nul ne peut s'approcher de lui à moins de quatre aunes de distance, excepté sa femme, ses enfants et ses domestiques ; s'il meurt sans être réconcilié avec la Synagogue, une pierre doit être mise sur son cercueil pour indiquer qu'il méritait d'être lapidé ; en ce cas, nul, même ses parents, n'a le droit de l'accompagner à sa tombe ou de porter son deuil. Le *Niddui* est prononcé pour une période de trente jours, et peut être prolongé pendant deux périodes égales. Passé le quatre-vingt-dixième jour, le *Hérem* (ou grande excommunication) est prononcé contre le rebelle, au milieu des sonneries des trompettes et de la fumée des cierges éteints [203].

---

203. Voici la formule du *Hérem* : « Que X., fils de X., soit excommunié d'après le jugement du Seigneur des seigneurs dans les deux tribunaux, dans le tribunal supérieur et dans le tribunal inférieur ; qu'il soit dans l'excommunication des saints supérieurs et dans celle des Séraphins et Ophanins, et dans l'excommunication des grandes et des petites communautés ! Que de grands malheurs, de grandes et terribles maladies fondent sur lui ! Que sa maison soit la demeure des dragons ! Que son étoile soit obscurcie dans les nuages et qu'elle soit furieuse, cruelle et terrible contre lui ! Que son cadavre soit jeté aux bêtes féroces et aux serpents ! Que ses ennemis et ses adversaires se réjouissent de lui ! Que son or et son argent soient donnés à d'autres et que ses fils soient livrés au pouvoir de ses ennemis ! Que ses descendants aient son jour en horreur ! Qu'il soit maudit par la bouche d'Adirion et d'Achtariel, par la bouche de Saïdalphon et de Hadraniel, par la bouche d'Antifiel et de Patchiel, par la bouche de Seraphia et de Saganzaël, par la bouche de Michaël et de Gabriel, par la bouche de Raphaël et de Mécharetiel ! Qu'il soit excommunié par la bouche de Zafzavif et par celle de Hafhavif, qui est le grand Dieu, et par la bouche de Yortak le grand chancelier ! Qu'il soit dévoré comme Koré et sa bande ! Qu'il soit étranglé comme Achitophel ! Que son âme sorte de lui avec crainte et terreur ! Que sa lèpre soit comme la lèpre de Ghiési ! Qu'il tombe et ne se relève plus ! Qu'il ne soit pas enterré dans la sépulture d'Israël ! Que sa femme soit livrée à d'autres et qu'après sa mort d'autres vivent avec

Le *Hérem* interdit toute communication avec l'excommunié ; nul ne peut lui rendre un service ni en accepter un de lui ; sa femme et ses enfants doivent être séparés de lui ; ses biens doivent lui être enlevés ; son corps, à sa mort, doit être abandonnée en pâture aux fauves. La communauté juive tout entière doit s'employer à assurer au *Hérem* toute son efficacité.

Simples formules, sera-t-on tenté de dire, et qu'il n'est guère possible, en l'état présent de la législation, de transformer en réalités.

Eh bien ! l'on se trompera en disant cela. Le *Hérem* n'est pas une formule vaine et le Juif rebelle qu'il frappe est vraiment menacé, non seulement d'une rigoureuse quarantaine, mais encore de se voir dépouiller de ses biens et séparer de sa femme et de ses enfants. Cela est vrai, non seulement dans les pays d'Orient et dans certaines provinces russes et autrichiennes (où la population juive est très dense et où le pouvoir, chrétien ou musulman, est mal armé pour intervenir), mais aussi dans l'Europe occidentale, en France même. Ceux qui en douteraient n'ont qu'à étudier le cas du rabbin de Tours, Henri Brauer, auquel M. l'abbé Vial a consacré une intéressante brochure de 120 pages [204].

Né en Pologne en 1866, amené tout jeune en Alsace, élève du séminaire rabbinique de Metz. Henri Brauer passa en France et occupa divers postes de rabbin, à Rougemont-le-Château (près Belfort), à Lamarche (Vosges), à Dunkerque et à Clermont-Ferrand. Naturalisé

---

elle ! Que X., fils de X. reste dans cette excommunication, et qu'elle soit son héritage ! Sur moi cependant et sur Israël tout entier descendent la paix et la bénédiction du Seigneur ! Amen ».

204. *La Trahison du Grand Rabbin de France*, Paris, 1904, chez Savaète.

Français en 1898, il devint rabbin de Tours, où se trouve une importante communauté israélite. Des attestations de toutes les sommités rabbiniques de France et de l'étranger certifiaient son exceptionnelle science talmudique.

Cette science n'avait sans doute pas réussi à faire de Henri Brauer un malhonnête homme. En effet, à la fin de 1900, il eut l'occasion de gagner une forte somme et de rendre service à un illustre coreligionnaire, et il ne fit ni l'un ni l'autre parce que sa conscience le lui défendait.

Voici dans quelles conditions se produisit l'incident. Un arquebusier de Tours, M. Jules Meunier, avait inventé un fusil de guerre offrant des avantages exceptionnels en légèreté, en portée, en vitesse initiale de la balle et en rapidité du tir. Il avait imaginé de vendre ce fusil 200.000 francs au traître Dreyfus, dont procès, alors en cours de révision, passionnait le pays. Dreyfus eût fait cadeau de ce fusil à la France et eût, par ce beau geste, donné un argument précieux aux partisans de son innocence. Sur les 200.000 francs à recevoir, l'inventeur offrait au rabbin Brauer 50.000 francs, à charge de le mettre en rapports avec Dreyfus et d'appuyer la négociation [205].

Fait incroyable ! Ce rabbin Brauer était antidreyfusard [206] : il refusa net l'intervention demandée et les cinquante mille français offerts et manifesta à M. Meunier, dans deux lettres successives, l'opinion que Dreyfus était un traître justement condamné.

---

205. Voir dans l'ouvrage de l'abbé Vial la reproduction de toutes les lettres et pièces officielles échangées au cours de cette négociation. La documentation surabondante de l'auteur n'a permis aux sommités juives mises en cause aucune espèce de rectification.

206. Cette circonstance s'explique peut-être par ce fait que ses parents, habitants en Alsace lors de la guerre de 1870, avaient été fusillés par les Prussiens.

Furieux de ce contretemps, l'armurier porta plainte au président de la Communauté juive de Tours, M. Léon Lévy, qui saisit de l'affaire le Grand Rabbin de France, lequel était alors le trop célèbre Zadoc Kahn, qui a joué dans l'affaire Dreyfus le rôle d'un metteur en scène de premier ordre. Le 2 janvier 1901, le rabbin Brauer recevait notification du *« vif mécontentement »* du Grand Rabbin de France. Le 26 du même mois, le président de la Communauté juive de Tours avertissait Brauer que son traitement ne serait plus garanti à partir du mois suivant. Le rabbin s'entêta et resta à son poste malgré la guerre que lui déclarait toute la hiérarchie rabbinique.

Cependant, le *Hérem* avait frappé la tête coupable de Brauer, et sa formule redoutable devait être suivie d'effet : Brauer devait être dépouillé de sa charge et de ses biens privés, chassé de sa maison et séparé de sa femme et de ses enfants.

On trouvera dans le livre de l'abbé Vial toutes les preuves désirables sur ce qui suivit. Une troupe de Juifs, conduits par un banqueroutier hébreu bien connu à Tours, envahit une nuit le domicile du rabbin, força le coffre-fort et les meubles, et, tandis que Brauer était tenu sous la menace du revolver, fit main basse sur sa petite fortune : 14.500 francs en valeurs, numéraire et argenterie. On lui laissa en tout 80 centimes.

Brauer porta plainte : mais on était alors en plein ministère Dreyfus, et les voleurs, tous connus, ne furent même pas inquiétés par le Parquet.

Quelques jours plus tard tombait la fête du *Yom-Kippour*, ou *Grand Pardon* : au moment où le rabbin officiait, un des assistants l'accuse devant toute la Synagogue d'avoir mangé du porc dans un hôtel de Tours. Brauer eut beau en appeler au témoignage de l'hôtelier (qui a attesté depuis qu'il ne l'avait jamais vu) : on se jeta sur le rabbin, on le frappa et on le mit demi-nu à la porte de la Synagogue.

Restait à le séparer de sa femme et de ses enfants. Là, la machination talmudique échoua, car Mme Brauer se refusa à abandonner son mari, malgré toutes les démarches faites auprès d'elle. Pour vaincre sa résistance, on fit venir de Jérusalem, où elle habitait, la mère de Mme Brauer, qui usa de tout son ascendant maternel pour déterminer sa fille à quitter le toit conjugal. Ce fut en vain, et, sur ce point, l'autorité talmudique demeura en échec.

La famille Brauer, obligée de quitter Tours, vint s'échouer à Paris dans une misère noire. Dès 1902, l'ex-rabbin avait intenté une action légale devant le Conseil d'État contre ses persécuteurs et obtenu pour cela l'assistance judiciaire. Mais des influences mystérieuses s'exercèrent, qui retardèrent indéfiniment la marche du procès. Cependant, au bout de neuf ans, à la fin de 1911, quand on se rendit compte que Brauer et les siens, secourus par la charité catholique, ne périraient pas de faim, on se décida à laisser juger la cause. Les faits étaient si patents que le Consistoire Israélite de France, présidé par le baron Gustave Rothschild, fut condamné ; mais l'influence des Juifs sur la magistrature française est telle que l'ex-rabbin dut se contenter de quelques milliers de francs à titre de dommages-intérêts.

Faut-il du moins en conclure que les tribulations de Brauer sont finies ? Nous n'oserions le croire. En poursuivant devant le Conseil d'État ses supérieurs dans la hiérarchie rabbinique, l'ancien rabbin a commis un nouveau crime plus grave que celui de s'être refusé à collaborer à la réhabilitation d'un traître juif. Il tombe maintenant sous le coup des prescriptions du traité *Aboda Zara* : « Le Juif qui poursuit un autre Juif, ou qui a seulement intention de le faire traduire, devant un tribunal chrétien, commet un péché mortel. Il doit, sans aucun jugement, être lapidé. C'est le chef de la Synagogue du pays qui jettera la première pierre sur sa tête. Il sera retranché du milieu du peuple, car il a méprisé le jugement de la *Thora*, la parole du Dieu-Un. Son iniquité sera sur lui et tout Israël le lapidera avec des pierres. Qu'il meure ! Il verra, et il craindra le jugement de la *Thora* et du Talmud [207] ».

Ce qui précède donner à penser à que ces paroles ne sont peut-être pas seulement des menaces vaines…

---

207. *La Trahison du Grand Rabbin de France,* Paris, 1904, Savaète. p. 106 et 107.

CONCLUSION

OUS AVONS longuement rapporté l'incident du rabbin Brauer parce qu'il est la preuve matérielle qu'en France même, au début du XXe siècle, les plus odieuses prescriptions talmudiques sont religieusement observées par les Juifs et que l'autorité rabbinique n'a rien perdu de sa puissance. On voit par cet incident à quels périls s'expose un Juif demeuré assez honnête pour refuser de commettre une infamie que lui impose la loi talmudique. Faut-il s'étonner, dès lors, de l'œuvre de corruption morale et de destruction matérielle que la race juive accomplit autour de nous ?

En consacrant cette étude à la secte des Pharisiens et à son code de morale, le Talmud, nous n'avons pas eu pour but de prêcher une haine sauvage contre la race juive ; RIEN N'EST PLUS ÉLOIGNÉ DE NOTRE PENSÉE.

Nous avons voulu, constatant la nocivité fondamentale de l'élément juif, en rechercher la cause, et nous sommes arrivés à cette conclusion que le Juif, avant d'être un malfaiteur, a été une victime : intoxiqué par la société secrète pharisienne, il s'est saturé de son poison, et, depuis vingt siècles déjà, il le dégorge sur le monde.

Ce n'est donc pas à la race juive en elle-même, à cette race qui a donné au Dieu vivant des patriarches, des apôtres et des martyrs, que nous nous attaquons : c'est au Juif tel que l'a fait le Talmud, cette expression suprême de la pensée pharisienne, au Juif déicide, fourbe, voleur et meurtrier.

Puisse ce court travail le faire connaître tel qu'il est et juger comme il le mérite.

TABLE DES MATIÈRES

Avant-propos 5

PREMIÈRE PARTIE

I — Les anciennes apostasies d'Israël 9
II — La Captivité de Babylone et les Pharisiens 21
III — Le Christ et les Pharisiens 39
IV — L'origine juive des persécutions antichrétiennes 45
V — Le Sanhédrin restauré et le Talmud 57

DEUXIÈME PARTIE

VI — Les rabbins et le Talmud au dessus de Dieu et de la Bible. 77
VII — Dieu, les Anges et les Démons selon le Talmud 85
VIII — À travers le Talmud 95
IX — Quelques préceptes de morale judaïque 103
X — Autres préceptes de morale judaïque 115
XI — Valeur actuelle du Talmud 125
Conclusion 137

Belley. — Imprimerie Louis Chaduc. — 9165

Pour plus de documentation :

www.the-savoisien.com
www.pdfarchive.info
www.vivaeuropa.info
www.freepdf.info
www.aryanalibris.com
www.aldebaranvideo.tv
www.histoireebook.com
www.balderexlibris.com

www.ingramcontent.com/pod-product-compliance
Lightning Source LLC
LaVergne TN
LVHW091555060526
838200LV00036B/846